Dostoïevsky

André Gide

Plon, Paris, 1923

© 2024, André Gide (domaine public)

Édition : BoD • Books on Demand GmbH, In de Tarpen 42, 22848 Norderstedt (Allemagne)

Impression : Libri Plureos GmbH, Friedensallee 273, 22763 Hamburg (Allemagne)

ISBN: 978-2-3225-4377-9

Dépôt légal : Août 2024

DOSTOÏEVSKY

D'APRÈS SA CORRESPONDANCE

(1908)

À Pierre-Dominique Dupouey.

La masse énorme de Tolstoï encombre encore l'horizon ; mais — ainsi qu'il advient en pays de montagnes où l'on voit, à mesure que l'on s'en éloigne, par-dessus la plus proche cime, la plus haute, que la plus voisine cachait, reparaître — quelques esprits avant-coureurs peut-être remarquent-ils déjà, derrière le géant Tolstoï, reparaître et grandir Dostoïevsky. C'est lui, la cime encore à demi cachée, le nœud mystérieux de la chaîne ; quelques-uns des plus généreux fleuves y prennent source, où les nouvelles soifs de l'Europe se peuvent abreuver aujourd'hui. C'est lui, non point Tolstoï qu'il faut nommer à côté d'Ibsen et de Nietzsche ; aussi grand qu'eux, et peut-être le plus important des trois.

Il y a quelque quinze ans, M. de Vogüé, qui fit le noble geste d'apporter à la France sur le plateau d'argent de son éloquence les clefs de fer de la littérature russe, s'excusait, lorsqu'il en vint à Dostoïevsky, de l'incivilité de son auteur ; et, tout en lui reconnaissant une manière de génie, avec des réticences de bon ton, gêné par tant d'énormité, il en demandait pardon au lecteur, avouait que « le désespoir le prenait d'essayer de faire comprendre ce monde au nôtre ». Après s'être allongé quelque temps sur les premiers livres qui lui semblaient les plus susceptibles, sinon de plaire, du moins d'être supportés, il s'arrêtait à *Crime et châtiment*, avertissait le lecteur, bien forcé de l'en croire sur parole puisque à peu près rien d'autre n'était alors traduit, que, « avec ce livre, le talent de Dostoïevsky avait fini de monter » ; qu'il « donnerait bien encore de grands coups d'ailes, mais en tournant dans un cercle de brouillard, dans un ciel toujours plus troublé » ; puis, après une présentation débonnaire du caractère de *l'Idiot*, parlait des *Possédés* comme d'un « livre confus, mal bâti, ridicule souvent et encombré de théories apocalyptiques », du *Journal d'un écrivain* comme d' « hymnes obscurs échappant à l'analyse comme à la controverse » ; ne parlait ni de *l'Éternel Mari*[1] ni de *l'Esprit souterrain*, écrivait : « Je n'ai pas parlé d'un roman intitulé *Croissance*, fort inférieur à ses aînés », et plus désinvoltement encore : « Je ne m'arrêterai pas davantage aux *Frères Karamazov* ; de l'aveu commun, très peu de Russes ont eu le courage de lire jusqu'au bout cette interminable histoire. » Enfin il concluait : « Ma tâche devait se borner à appeler l'attention sur l'écrivain, célèbre là-bas, presque inconnu ici, à signaler dans son œuvre les trois parties (?) qui montrent le mieux les divers aspects de son talent : ce sont *les Pauvres Gens, les Souvenirs de la maison des morts, Crime et châtiment.* »

De sorte qu'on ne sait trop ce qui doit l'emporter ici, de la reconnaissance, car enfin il fut le premier à nous avertir, — ou de l'irritation, car il nous présente, comme à contre-cœur semble-t-il, à travers son évident bon vouloir, une image déplorablement réduite, incomplète et par cela même faussée de cet extraordinaire génie ; et l'on doute si l'auteur du *Roman russe* a plus servi Dostoïevsky en attirant vers lui l'attention, qu'il ne l'a desservi en limitant cette attention à trois de ses livres, admirables certes, déjà, mais non des plus significatifs et au delà desquels seulement notre admiration pleinement s'étendra. Peut-être au demeurant Dostoïevsky, pour une intelligence salonnière, n'était-il pas commode à saisir ou pénétrer du premier coup... « Il ne délasse pas : il fatigue, comme les chevaux de sang toujours en action ; ajoutez-y la nécessité de se reconnaître... il en résulte pour le lecteur un effort d'attention... une courbature morale..., etc. » ; les gens du monde, il y a trente ans, ne parlaient pas très différemment des derniers quatuors de Beethoven (« Ce qui est compris trop rapidement n'est pas de longue durée », dit Dostoïevsky dans une de ses lettres.)

Ces jugements dépréciatifs purent retarder, il est vrai, la traduction, la publication et la diffusion de Dostoïevsky, décourager d'avance bien des lecteurs, autoriser M. Charles Morice à ne nous servir d'abord, des *Karamazov,* qu'une version procustement mutilée[2], ils ne purent faire, heureusement, que l'œuvre entière, lentement, chez divers éditeurs, volume après volume, ne parût[3].

Si pourtant, à présent encore, Dostoïevsky ne recrute que lentement ses lecteurs et parmi une élite assez spéciale ; s'il rebute non seulement le gros public à demi cultivé, à demi sérieux, à demi bienveillant, que n'atteignent guère plus, il est vrai, les drames d'Ibsen, mais qui sait goûter *Anna Karénine* et même *la Guerre et la Paix*, — ou cet autre public moins aimable qui se pâme devant *Zarathustra*, — il serait peu sérieux d'en faire M. de Vogüé responsable ; je vois à cela des causes assez subtiles que l'étude de la correspondance nous permettra d'atteindre pour la plupart. Aussi bien n'est-ce point de l'œuvre entière de Dostoïevsky que je prétends parler aujourd'hui, mais simplement de ce dernier livre qui parut au *Mercure de France* en février 1908 (la *Correspondance*).

I

On s'attend à trouver un dieu ; on touche un homme — malade, pauvre, peinant sans cesse et singulièrement dépourvu de cette pseudo-qualité qu'il reprochait tant au Français : l'éloquence. Pour parler d'un livre aussi nu, je tâcherai d'écarter de moi-même tout autre souci que celui de la probité. S'il en est qui espèrent trouver ici art, littérature ou quelque amusement d'esprit, je leur dis aussitôt qu'ils feront mieux d'abandonner cette lecture.

Le texte de ces lettres est souvent confus, maladroit, incorrect, et nous savons gré à M. Bienstock, résignant tout souci d'élégance factice, de n'avoir point cherché à remédier à cette gaucherie si caractéristique[4].

Oui, le premier abord rebute. Hoffmann, le biographe allemand de Dostoïevsky, laisse entendre que le choix des lettres livrées par les éditeurs russes eût pu être mieux fait[5] ; il ne me convainc point que la tonalité en aurait été différente. Tel que voici, le volume est épais, étouffant[6], non point en raison du nombre des lettres, mais de l'énorme informité de chacune d'elles. Peut-être n'avions-nous pas exemple encore de lettres de littérateur si mal écrites, j'entends : avec si peu d'apprêt. Lui, si habile à « parler autrui », lorsqu'il s'agit de parler en son propre nom, s'embarrasse ; il semble que les idées, sous sa plume, ne viennent pas successives mais simultanées, ou que, pareilles à ces « fardeaux branchus » dont parlait Renan, il ne les puisse tirer au jour qu'en s'écorchant et en accrochant tout au passage ; de là, ce foisonnement confus, qui, maîtrisé, servira dans la composition de ses romans, à leur complexité puissante. Lui, si dur, si âpre au travail, qui corrige, détruit, reprend inlassablement chacun de ses récits, page après page, jusqu'à faire rendre à chacun d'eux l'âme profonde qu'il contient — écrit ici tout comme il peut ; sans rien biffer sans doute, mais se reprenant constamment ; le plus vite possible, c'est-à-dire interminablement. Et rien ne laisse mesurer mieux la distance de l'œuvre à l'ouvrier qui la produit. Inspiration ! ô flatteuse invention romantique ! Muses faciles ! où êtes-vous ? — « Une longue patience » ; si jamais l'humble mot de Buffon fut à sa place, c'est ici.

« Quelle théorie est donc la tienne, mon ami, — écrit-il à son frère, presque au début de sa carrière, — qu'un tableau doit être peint en une fois ? — Quand as-tu été persuadé de cela ? Crois-moi ; il faut partout du travail et un travail énorme. Crois-moi qu'une pièce de vers de Pouchkine, légère et élégante, de quelques lignes, paraît justement écrite en une fois parce qu'elle a été longtemps arrangée et reprise par Pouchkine... Rien de ce qui a été écrit de chic n'est mûr. On ne trouve pas de ratures dans les manuscrits de Shakespeare, dit-on. C'est pour cela qu'on y trouve tant de difformités et de manque de goût ; s'il eût travaillé, c'eût été encore mieux... »

Voilà le ton de la correspondance entière. Le meilleur de son temps, de son humeur, Dostoïevsky le donne au travail. Aucune de ses lettres n'est écrite par plaisir. Constamment il revient sur son « dégoût terrible, invincible, inimaginable, d'écrire des lettres ». — « Les lettres, dit-il, sont des choses stupides ; on ne peut pas du tout s'y épancher. » Et mieux : « Je vous écris tout et je vois que du principal de ma vie morale, spirituelle, je ne vous ai rien dit ; je ne vous en ai même pas donné une idée. Ce sera ainsi tant que nous resterons en correspondance. Je ne sais pas écrire les lettres ; je ne sais pas écrire *de moi*, m'écrire *avec mesure*. » Il déclare par ailleurs : « On ne peut jamais rien écrire dans une lettre. Voilà pourquoi je n'ai jamais pu souffrir Mme de Sévigné : elle écrivait ses lettres trop bien. » Ou encore, humoristiquement : « Si je vais en enfer, je serai certainement condamné pour mes péchés à écrire une dizaine de lettres par jour » — et c'est bien, je crois, l'unique plaisanterie qu'on puisse relever au cours de ce sombre livre.

Il n'écrira donc que pressé par la nécessité la plus dure. Chacune de ses lettres (si toutefois l'on en excepte celles des dix dernières années de sa vie, d'un ton tout autre, et sur lesquelles je reviendrai spécialement), chacune de ses lettres est un cri : *il n'a plus rien* ; il est à bout ; il *demande*. Que dis-je : un cri... c'est un interminable et monotone gémissement de détresse ; il demande sans habileté, sans fierté, sans ironie ; il demande et il ne sait pas demander. Il implore ; il presse ; il y revient, insiste, détaille ses besoins... Il me fait souvenir de cet ange qui, sous les traits d'un errant voyageur, ainsi que les *Fioretti* de saint François nous le racontent, vint au Val-de-Spolete heurter l'huis de la naissante confrérie. Il frappait si précipitamment, est-il dit, si longuement, si fort, que les frati s'en indignèrent et que frate Masseo (M. de Vogüé, je suppose), qui enfin lui ouvrit la porte, lui dit : « D'où viens-tu donc pour frapper si peu décemment ? » — Et l'ange lui ayant demandé : « Comment faut-il frapper ? » Masseo répondit : « On frappe trois coups espacés, puis on attend. Il faut laisser à celui qui vient ouvrir le temps de dire son patenôtre ; ce temps passé, s'il ne vient pas, on recommence... » — « *C'est que j'ai si grand'hâte* », reprend l'ange...

« Je suis dans une telle gêne que me voici prêt à me pendre », écrit Dostoïevsky. — « Je ne puis ni payer mes dettes, ni partir, faute d'argent pour le voyage et je suis complètement au désespoir. » — « Que deviendrai-je d'ici la fin de l'an ? Je ne sais pas. Ma tête se brise. Je n'ai plus à qui emprunter. » — (« Comprenez-vous ce que cela veut dire n'avoir plus où aller ? » disait un de ses héros.) — « J'ai écrit à un parent pour lui demander six cents roubles. S'il ne les envoie pas, je suis perdu. » De ces plaintes ou de semblables, cette correspondance est si pleine que je cueille tout au hasard... Parfois cette insistance encore, qui revient naïvement tous les six mois : « L'argent ne peut être aussi nécessaire qu'une seule fois dans la vie. »

Dans les derniers temps, comme ivre de cette humilité dont il savait griser ses héros, de cette étrange humilité russe, qui peut bien être chrétienne aussi, mais qui, affirme Hoffmann, se retrouve au fond de chaque âme russe, même de celle où la foi chrétienne fait défaut, et que ne pourra jamais parfaitement comprendre, dit-il, l'Occidental qui fait de dignité vertu : « Pourquoi me refuseraient-ils ? D'autant plus que je n'exige pas, mais je prie humblement. »

Mais peut-être cette correspondance nous trompe-t-elle en nous montrant toujours désespéré celui qui n'écrivait qu'en cas de désespoir... Non : aucun afflux d'argent qui ne fût aussitôt absorbé par les dettes ; de sorte qu'il pouvait écrire, à cinquante ans : « Toute ma vie j'ai travaillé pour de l'argent et toute ma vie j'ai été constamment dans le besoin ; à présent plus que jamais. » Les dettes... ou le jeu, le désordre, et cette générosité instinctive, immesurée, qui faisait dire à Riesenkampf, le compagnon de sa vingtième année : « Dostoïevsky est un de ces gens auprès desquels il fait pour tous très bon vivre, mais qui lui-même restera toute sa vie dans le besoin. »

À l'âge de cinquante ans il écrit : « Ce futur roman (il s'agit ici des *Frères Karamazov*, qu'il n'écrira que neuf ans plus tard), ce futur roman me tourmente déjà depuis plus de trois ans ; mais je ne le commence pas, car je voudrais l'écrire sans me presser, comme écrivent les Tolstoï, les Tourgueniev, les Gontcharov. Qu'il existe donc au moins une de mes œuvres qui soit libre et non écrite pour une époque déterminée. » — Mais c'est en vain qu'il dira : « Je ne comprends pas le travail fait à la hâte, pour de l'argent » ; cette question d'argent interviendra toujours dans son travail, et la crainte de ne pouvoir livrer ce travail à temps : « J'ai peur de ne pas être prêt, d'être en retard. Je n'aurais pas voulu gâter les choses par ma hâte. Il est vrai, le plan est bien conçu et étudié ; mais on peut tout gâter avec trop de hâte. »

Un surmenage effroyable en résulte, car s'il met son honneur dans cette ardue fidélité, il crèverait à la peine plutôt que de livrer de l'ouvrage imparfait ; et vers la fin de sa vie, il pourra dire : « Pendant toute ma carrière littéraire, j'ai toujours rempli exactement mes engagements ; je n'y ai jamais manqué une fois ; de plus, je n'ai jamais écrit uniquement pour de l'argent afin de me débarrasser de l'engagement pris » ; et peu avant, dans la même lettre : « Je n'ai jamais imaginé un sujet pour de l'argent, pour satisfaire à l'obligation une fois acceptée d'écrire pour un terme fixé d'avance. Je me suis toujours engagé — et vendu à l'avance — quand j'avais déjà mon sujet en tête, que je voulais réellement écrire et que je trouvais nécessaire d'écrire. » De sorte que si, dans une de ses premières lettres, écrite à vingt-quatre ans, il s'écrie : « Quoi qu'il en soit j'ai fait le serment : même parvenu aux dernières limites de la privation, je tiendrai bon et n'écrirai pas sur commande. La commande tue ; la commande perd tout. Je veux que chacune de mes œuvres, par elle-même, soit bien », — l'on peut dire sans trop de subtilité que, malgré tout, il s'est tenu parole.

Mais il garde toute sa vie la conviction douloureuse qu'avec plus de temps, de liberté, il eût pu mener à mieux sa pensée : « Ce qui me tourmente beaucoup, c'est que, si j'écrivais le roman à l'avance durant une année, et puis deux ou trois mois pour copier et corriger, ce serait autre chose, j'en réponds. » Illusion, peut-être ? Qui peut le dire ? Grâce à plus de loisir, qu'eût-il pu obtenir ? Que cherchait-il encore ? — Une plus grande simplicité, sans doute ; une plus parfaite subordination des détails... Tels qu'ils sont, ses meilleurs ouvrages atteignent, en presque chaque partie, un point de précision et d'évidence qu'on imagine difficilement dépassé.

Pour en arriver là, que d'efforts ! « Il n'y a que les endroits d'inspiration qui viennent tout d'un coup, à la fois, mais le reste est un travail très pénible. » À son frère qui sans doute lui avait reproché de ne pas écrire « assez simplement », croyant dire ainsi : assez vite, et de ne pas « se laisser aller à l'inspiration », il répondait, encore jeune : « Tu confonds évidemment l'inspiration, c'est-à-dire la création première, instantanée du tableau ou le mouvement de l'âme (ce qui arrive souvent), avec le travail. Ainsi, par exemple, j'inscris une scène aussitôt, telle qu'elle m'est apparue, et j'en suis enchanté ; ensuite, pendant des mois, pendant un an, je la travaille... et crois-moi, le résultat est bien meilleur. Pourvu que l'inspiration vienne. Naturellement, sans inspiration, rien ne peut se faire. » — Dois-je m'excuser de tant citer — ou ne me saura-t-on gré bien plutôt de céder la parole à Dostoïevsky le plus souvent possible ? « Au commencement, c'est-à-dire vers la fin de l'année dernière (la lettre est d'octobre 70), je considérais cette chose comme étudiée, composée, et je la regardais avec hauteur. (Il s'agit ici des *Possédés*.) Ensuite m'est venue la véritable inspiration — et soudain je l'ai aimée, cette œuvre, je l'ai saisie des deux mains, et je me suis mis à biffer ce qui était déjà écrit. » — « Toute l'année, dit-il encore (1870), je n'ai fait que déchirer et changer... J'ai changé mon plan au moins dix fois, et j'ai écrit de nouveau toute la première partie. Il y a deux ou trois mois, j'étais au désespoir. Enfin tout s'est constitué à la fois et ne peut-être changé. » Et toujours cette obsession : « Si j'avais eu le temps d'écrire sans me presser, sans terme fixe, il est possible qu'il en serait résulté quelque chose de bien. »

Cette angoisse, ces mécontentements de lui-même, il les a connus pour chaque livre :

« Le roman est long ; il a six parties (*Crime et châtiment*). À la fin de novembre, il y en avait déjà un grand morceau d'écrit, tout prêt ; j'ai tout brûlé ! Maintenant, je peux l'avouer, ça ne me plaisait pas. Une nouvelle forme, un nouveau plan m'entraînaient ; j'ai recommencé. Je travaille jour et nuit, et cependant j'avance peu. » — « Je travaille et, rien ne se fait, dit-il ailleurs ; je ne fais que déchirer. Je suis affreusement découragé. » Et ailleurs encore : « J'ai tant travaillé que j'en suis devenu stupide, et ma tête est toute étourdie. » Et ailleurs encore : « Je travaille ici (Staraia Roussa) comme un forçat, malgré les beaux jours dont il faudrait profiter ; je suis jour et nuit à l'ouvrage. »

Parfois un simple article lui donne autant de mal qu'un livre, car la rigueur de sa conscience reste aussi entière devant les petites choses que devant les grandes :

« Je l'ai traîné jusqu'à présent (un article de souvenirs sur Bielensky, qui n'a pu être retrouvé) et enfin je l'ai terminé en grinçant des dents... Dix feuilles de romans sont plus faciles à écrire que ces deux feuilles ! Il en est résulté que j'ai écrit ce maudit article, en comptant tout, au moins cinq fois, et puis je barrais tout et je modifiais ce que j'avais écrit. Enfin, j'ai achevé mon article tant bien que mal ; mais il est si mauvais que cela me tourne le cœur. » Car s'il garde la conviction profonde de la valeur de ses idées, il reste même pour ses meilleurs écrits, exigeant le travail, insatisfait après :

« Il m'est rarement arrivé d'avoir quelque chose de plus neuf, de plus complet, de plus original (*Karamazov*). Je puis parler ainsi sans être accusé d'orgueil, parce que je ne parle que du sujet, que de l'idée qui s'est implantée dans ma tête, non pas de l'exécution, quant à l'exécution, elle dépend de Dieu ; je puis la gâcher, ce qui m'est arrivé souvent... »

« Si vilain, si abominable que soit ce que j'ai écrit, dit-il ailleurs, l'idée du roman, et le travail que je lui consacre, me sont à moi malheureux, à moi l'auteur, ce qu'il y a de plus précieux au monde. »

« Je suis mécontent de mon roman jusqu'au dégoût, écrit-il lorsqu'il travaille à *l'Idiot*. Je me suis terriblement efforcé de travailler, mais je n'ai pas pu : j'ai le cœur malade. À présent, je fais un dernier effort pour la troisième partie. Si je parviens à arranger le roman, je me remettrai ; sinon je suis perdu. »

Ayant écrit déjà non seulement les trois livres que M. de Vogüé considère comme ses chefs-d'œuvre, mais encore *l'Esprit souterrain, l'Idiot, l'Éternel Mari*, il s'écrie, s'acharnant sur un nouveau sujet (*les Possédés*) : « Il est temps enfin d'écrire quelque chose de sérieux. »

Et l'année de sa mort, encore, à Mlle N..., à qui il écrit pour la première fois : « Je sais que moi, comme écrivain, j'ai beaucoup de défauts, parce que je suis le premier, bien mécontent de moi-même. Vous pouvez vous figurer que dans certaines minutes d'examen personnel, je constate souvent avec peine que je n'ai pas exprimé, littéralement, la vingtième partie de ce que j'aurais voulu, et peut-être même pu exprimer. Ce qui me sauve, c'est l'espoir habituel qu'un jour Dieu m'enverra tant de force et d'inspiration, que je m'exprimerai plus complètement, bref, que je pourrai exposer tout ce que je renferme dans mon cœur et dans ma fantaisie. »

Que nous sommes loin de Balzac, de son assurance et de son imperfection généreuse ! Flaubert même connut-il si âpre exigence de soi, si dures luttes, si forcenés excès de labeur ? Je ne crois pas. Son exigence est plus uniquement littéraire, si le récit de son labeur s'étale au premier plan dans ses lettres, c'est aussi qu'il s'éprend de ce labeur même, et que, sans précisément s'en vanter, du moins s'en énorgueillit-il ; c'est aussi qu'il a supprimé tout le reste, considérant la vie comme « une chose tellement hideuse que le seul moyen de la supporter, c'est de l'éviter », et se comparant aux « amazones qui se brûlaient le sein pour tirer de l'arc ». Dostoïevsky, lui, n'a rien supprimé ; il a femme et enfants, il les aime ; il ne méprise point la vie ; il écrit au sortir du bagne : « Au moins *j'ai vécu* ; j'ai souffert, mais quand même j'ai vécu. » Son abnégation devant son art, pour être moins arrogante, moins consciente et moins préméditée, n'en est que plus tragique et plus belle. Il cite volontiers le mot de Térence et n'admet pas que rien d'humain lui demeure étranger : « L'homme n'a pas le droit de se détourner et d'ignorer ce qui se passe sur la terre, et il existe pour cela des raisons morales supérieures : *Homo sum, et nihil humanum...* et ainsi de suite. » Il ne se détourne pas de ses douleurs, mais les assume dans leur plénitude. Lorsqu'il perd, à quelques mois d'intervalle, sa première femme et son frère Mikhaïl, il écrit : « Voilà que tout d'un coup je me suis trouvé seul ; et j'ai ressenti de la peur. C'est devenu terrible ! Ma vie est brisée en deux. D'un côté le passé avec tout ce pour quoi j'avais vécu, de l'autre l'inconnu sans un seul cœur pour me remplacer les deux disparus. Littéralement il ne me restait pas de raison de vivre. Se créer de nouveaux liens, inventer une nouvelle vie ? Cette pensée seule me fait horreur. Alors pour la première fois j'ai senti que]e n'avais pas de quoi les remplacer, que je n'aimais *qu'eux seuls* au monde, et qu'un nouvel amour non seulement ne serait pas mais ne devait pas être. » Mais quinze jours après, il écrit : « De toutes les réserves de force et d'énergie, dans mon âme est resté quelque chose de trouble et de vague, quelque chose voisin du désespoir. Le trouble, l'amertume, l'état le plus anormal pour moi... Et de plus je suis seul !... Cependant il me semble toujours que je me prépare à vivre. C'est ridicule, n'est-ce pas ? La vitalité du chat ! » — Il a quarante-quatre ans alors ; et moins d'un an après, il se remarie.

À vingt-huit ans déjà, enfermé dans la forteresse préventive, en attendant la Sibérie, il s'écriait : « Je vois maintenant que j'ai une si grande provision de vie en moi, qu'il est difficile de l'épuiser. » Et (en 56) de Sibérie encore, mais ayant fini son temps de bagne et venant d'épouser la veuve Marie Dmitrievna Issaiev : « Maintenant, ce n'est plus comme autrefois ; il y a tant de réflexion, tant d'effort et tant d'énergie dans mon travail... Est-il possible qu'ayant eu pendant six ans tant d'énergie et de courage pour la lutte, avec des souffrances inouïes, je ne sois pas capable de me procurer assez d'argent pour me nourrir et nourrir ma femme ? Allons donc ! Car surtout personne ne connaît ni la valeur de mes forces, ni le degré de mon talent et c'est surtout là-dessus que je compte ! »

Mais, hélas ! ce n'est pas seulement contre la misère qu'il lui faut lutter !

« Je travaille presque toujours nerveusement, avec peine et souci. Quand je travaille trop, je deviens même physiquement malade. » « Ces derniers temps j'ai travaillé littéralement jour et nuit, malgré les crises. » Et ailleurs : « Cependant les crises m'achèvent, et après chacune je ne peux remettre mes idées d'aplomb avant quatre jours. »

Dostoïevsky ne s'est jamais caché de sa maladie ; ses attaques de « mal sacré » étaient du reste trop fréquentes, hélas ! pour que plusieurs amis des indifférents n'en eussent été parfois témoins. Strakhov nous raconte dans ses *Souvenirs* un de ces accès, n'ayant pas, plus que Dostoïevsky lui-même, compris qu'il pût y avoir quelque honte à être épileptique, ou même quelque « infériorité » morale ou intellectuelle autre que celle résultant d'une grande difficulté de travail. Même à des correspondantes inconnues à qui Dostoïevsky écrit pour la première fois, regrettant d'avoir fait attendre sa lettre, tout naïvement et simplement il dira : « Je viens de supporter *trois* accès de mon épilepsie — ce qui ne m'était pas arrivé de cette force et si souvent. Mais, après les accès, pendant deux ou trois jours, je ne puis ni travailler, ni écrire, ni même lire, parce que je suis brisé de corps et d'âme. Voilà pourquoi à présent que vous le savez, je vous prie de m'excuser d'être resté si longtemps avant de vous répondre. »

Ce mal dont il souffrait déjà avant la Sibérie s'aggrave au bagne, se calme à peine durant quelque séjour à l'étranger, reprend en empirant. Les crises parfois sont plus espacées, mais d'autant plus fortes. « Quand les crises ne sont pas fréquentes et qu'il en éclate une soudain, il m'arrive des humeurs noires extraordinaires. Je suis au désespoir. Autrefois (écrit-il à l'âge de cinquante ans) cette humeur durait trois jours après la crise, maintenant sept, huit jours. »

Malgré ses crises, il essaie de se cramponner au travail, il s'efforce, pressé par des engagements : « On a annoncé que dans la livraison d'avril (du *Roussky Viestnik*) va paraître la suite (de *l'Idiot*), et moi je n'ai rien de prêt, excepté un chapitre sans importance. Que vais-je envoyer ? Je n'en sais rien ! Avant hier, j'ai eu une crise des plus violentes. Mais, hier, j'ai écrit quand même, dans un état proche de la folie. »

Tant qu'il n'en résulte que gêne et douleur, passe encore : « Mais, hélas ! Je remarque avec désespoir que je ne suis plus en état de travailler aussi vite que dernièrement encore et qu'autrefois. » À maintes reprises, il se plaint que sa mémoire et son imagination s'affaiblissent et à cinquante-huit ans, deux ans avant sa mort : « J'ai remarqué depuis longtemps que plus je vais, plus mon travail me devient difficile. Alors, par conséquent, des pensées toujours impossibles à être consolées, des pensées sombres... » Cependant il écrit les *Karamazov*.

Lors de la publication des lettres de Baudelaire, l'an passé, M. Mendès s'effaroucha, protesta, non sans emphase, par des « pudenda moraux » de l'artiste, etc. Je songe, en lisant cette correspondance de Dostoïevsky, à la parole admirable, attribuée au Christ lui-même, et remise au jour depuis peu : « Le royaume de Dieu sera quand vous irez de nouveau nus et que vous n'en aurez point de honte. »

Sans doute, il restera toujours des lettrés délicats, aux pudeurs faciles, pour préférer ne voir des grands hommes que le buste — qui s'insurgent contre la publication des papiers intimes, des correspondances privées ; ils semblent ne considérer dans ces écrits que le plaisir flatteur que les médiocres esprits peuvent prendre à voir soumis aux mêmes infirmités qu'eux les héros. Ils parlent alors d'indiscrétion, et, quand ils ont la plume romantique, de « violation de sépultures », tout au moins de curiosité malsaine ; ils disent : « Laissons l'homme ; l'œuvre seule importe ! » — Évidemment ! mais l'admirable, ce qui reste pour moi d'un enseignement inépuisable, c'est qu'*il* l'ait écrite *malgré cela*.

N'écrivant pas une biographie de Dostoïevsky, mais traçant un portrait et simplement avec les éléments que m'offre sa correspondance, je n'ai parlé que d'empêchements constitutionnels, parmi lesquels je pense pouvoir ranger cette misère continue, si intimement dépendante de lui et qu'il semble que sa nature réclamât secrètement… Mais tout s'acharne contre lui : dès le début de sa carrière, malgré son enfance maladive, il est reconnu bon pour le service tandis que son frère Mikhaïl, plus robuste, est réformé. Fourvoyé dans un groupe de suspects, il est pris et condamné à mort, puis par grâce, envoyé en Sibérie pour y purger sa peine. Il y reste dix ans ; quatre ans au bagne et six à Semipalatinsk, dans l'armée. Là-bas, sans grand *amour* peut-être[Z], au sens où nous entendons ce mot généralement, mais avec une sorte de miséricorde enflammée, par pitié, par tendresse, besoin de dévouement et par une propension naturelle à assumer toujours et ne se dérober devant rien, il épouse la veuve du forçat Issaiev, mère déjà d'un grand enfant fainéant ou impropre qui restera dès lors à sa charge. « Si vous me questionnez sur moi, que vous dirais-je : je me suis chargé de soucis de famille et je les traîne. Mais je crois que ma vie n'est pas encore terminée et je ne veux pas mourir. » À sa charge également la famille de son frère Mikhaïl, après la mort de celui-ci. À sa charge, journaux, revues qu'il fonde, soutient, dirige[8], dès qu'il a quelque argent de reste, partant quelque possible loisir : « Il fallait prendre des mesures énergiques. J'ai commencé à publier à la fois dans trois typographies ; je n'ai marchandé ni l'argent, ni la santé, ni les efforts. Moi seul menais tout. Je lisais les épreuves ; j'étais en relation avec les auteurs, avec la censure ; je corrigeais les articles ; je cherchais de l'argent ; je restais debout jusqu'à six heures du matin et ne dormais que cinq heures. J'ai enfin réussi à mettre de l'ordre dans la revue, mais il est trop tard. » La revue, en effet, n'échappe pas à la faillite. « Mais le pire, ajoute-t-il, c'est qu'avec ce travail de galérien, je ne pouvais rien écrire pour la revue ; pas une ligne de moi. Le public ne rencontrait pas mon nom, et non seulement en province, mais même à Pétersbourg, il ne savait pas que c'était moi qui dirigeais la revue. »

N'importe ! il reprend, s'obstine, recommence ; rien ne le décourage, ni ne l'abat. Dans la dernière année de sa vie, pourtant, il en est encore à lutter, sinon contre l'opinion populaire qu'il a définitivement conquise, mais contre l'opposition des journaux : « Pour ce que j'ai dit à Moscou (discours sur Pouchkine), voyez donc comme j'ai été traité presque partout dans notre presse : comme si j'avais volé où escroqué dans quelque banque. Ukhantsev (célèbre escroc de cette époque) lui-même ne reçoit pas tant d'ordures que moi. »

Mais ce n'est pas une récompense qu'il cherche, non plus que ce n'est l'amour-propre ou la vanité d'écrivain qui le fait agir. Rien de plus significatif à ce sujet que la façon dont il accueille son éclatant succès du début : « Voilà trois ans que je fais de la littérature, écrit-il, et je suis tout étourdi. Je ne vis pas, je n'ai pas le temps de réfléchir… *On m'a créé une renommée douteuse et je ne sais pas jusqu'à quand durera cet enfer.* »

Il est si convaincu de la valeur de son idée que sa valeur d'homme s'y confond et y disparaît. « Que vous ai-je donc fait, écrit-il au baron Vrangel, son ami, pour que vous me témoigniez tant d'amour ? » — et, vers la fin de sa vie, à une correspondante inconnue : « Croyez-vous donc que je sois de ceux qui sauvent les cœurs, qui délivrent les âmes et qui chassent la douleur ! Beaucoup de personnes me l'écrivent, mais je suis sûr que je suis bien plus capable d'inspirer le désenchantement et le dégoût. Je ne suis guère habile à bercer, quoique je m'en sois chargé quelquefois. » Quelle tendresse pourtant, dans cette âme si douloureuse ! « Je rêve de toi toutes les nuits, écrit-il de Sibérie à son frère, — et je m'inquiète terriblement. Je ne veux pas que tu meures ; je veux te voir et t'embrasser encore une fois dans ma vie, mon chéri. Tranquillise-moi, pour l'amour du Christ, si tu te portes bien, laisse toutes tes affaires et tous tes tracas et écris-moi tout de suite, à l'instant, car autrement je perdrais la raison. »

Va-t-il du moins ici, trouver quelque soutien ? — « Écrivez-moi avec détails et au plus vite comment vous avez trouvé mon frère (lettre au baron Vrangel, de Semipalatinsk. 23 mars 1856). Que pense-t-il de moi ? Autrefois il m'aimait ardemment ! Il pleurait en me faisant ses adieux. Ne s'est-il pas refroidi envers moi ! Son caractère a-t-il changé ? Comme cela me paraîtrait triste !… A-t-il oublié tout le passé ? Je ne saurais le croire. Mais aussi : comment expliquer qu'il reste des sept ou huit mois sans écrire[9] ?… Et puis je vois en lui si peu de cordialité, qui me rappellerait le vieux temps ! Je n'oublierai jamais ce qu'il a dit à K…, qui lui remettait ma demande de s'occuper de moi : *Il ferait mieux de rester en Sibérie.* » Il écrivit cela, il est vrai, mais, cette parole atroce, il ne demande au contraire qu'à l'oublier ; la tendre lettre à Mikhaïl, dont je citais tout à l'heure un passage, est postérieure à celle-ci ; peu après il écrivait à Vrangel : « Dites à mon frère que je le serre dans mes bras, que je lui demande pardon de toutes les peines que je lui ai causées ; je me mets à genoux devant lui. » Enfin à son frère même il écrit le 21 août 1885 (lettre non donnée par Bienstock) : « Cher ami, lorsque dans ma lettre d'octobre de l'an dernier je te faisais entendre les mêmes plaintes (au sujet de ton silence), tu m'as répondu qu'il t'avait été très pénible, très dur de les lire. Ô Micha !

pour l'amour de Dieu, ne m'en veuille pas ; songe que je suis seul et comme un caillou rejeté, — mon caractère a toujours été sombre, maladif, susceptible ; songe à tout cela et pardonne-moi si mes plaintes ont été injustes et mes suppositions absurdes. Je suis bien convaincu moi-même que j'ai eu tort. »

Sans doute Hoffmann avait raison, et le lecteur occidental protestera devant si humble contrition ; notre littérature, trop souvent teintée d'espagnolisme, nous enseigne si bien à voir une noblesse de caractère dans le non-oubli de l'injure !...

— Que dira-t-il donc, ce « lecteur occidental », lorsqu'il lira : « Vous écrivez que tout le monde aime le tsar. Moi, je l'adore » ? Et Dostoïevsky est encore en Sibérie quand il écrit cela. Serait-ce de l'ironie ? Non. De lettre en lettre, il y revient : « L'empereur est infiniment bon et généreux » ; et quand, après dix ans d'exil, il sollicite tout à la fois la permission de rentrer à Saint-Pétersbourg et l'admission de son beau-fils Paul au Gymnase : « J'ai réfléchi que, si on me refuse une demande, peut-être ne pourra-t-on pas me refuser l'autre, et si l'empereur ne daigne pas m'accorder de vivre à Pétersbourg, peut-être acceptera-t-il de placer Paul, pour ne pas refuser tout à fait. »

Décidemment tant de soumission déconcerte. Nihilistes, anarchistes, socialistes même ne vont pouvoir tirer aucun parti de cela. Quoi ! pas le moindre cri de révolte ? sinon contre le tsar peut-être, qu'il est prudent de respecter, du moins contre la société, et contre ce cachot dont il sort vieilli ? — Écoutez donc comme il en parle : « Ce qu'il est advenu de mon âme et de mes croyances, de mon esprit et de mon cœur durant ces quatre ans, je ne te le dirai pas ce serait trop long. La constante méditation où je fuyais l'amère réalité n'aura pas été inutile. J'ai maintenant des désirs, des espérances qu'auparavant je ne prévoyais même pas[10]. » Et ailleurs : « Je te prie de ne pas te figurer que je suis aussi mélancolique et aussi soupçonneux que je l'étais à Pétersbourg les dernières années. Tout est complètement passé. D'ailleurs, c'est Dieu qui nous guide. » Et enfin, longtemps après, dans une lettre de 1872 à S. D. Janovsky, cet extraordinaire aveu (où les mots en italiques sont soulignés par Dostoïevsky) : « Vous m'aimiez et vous vous occupiez de moi, de moi *malade mentalement* (car je le reconnais à présent), *avant mon voyage en Sibérie*, où je me suis guéri. »

Ainsi, pas une protestation ! De la reconnaissance au contraire ! Comme Job que la main de l'Éternel broie sans obtenir de son cœur un blasphème… Ce martyr est décourageant. Pour quelle foi vit-il ? Quelles convictions le soutiennent ? — Peut-être, examinant ses *opinions*, autant de moins que dans cette correspondance elles apparaissent, comprendrons-nous les causes secrètes, que déjà nous commençons d'entrevoir, de cet *insuccès*, près du grand nombre, de cette non-faveur, de ce purgatoire de la gloire où s'attarde encore Dostoïevsky.

II

Homme d'aucun parti, craignant l'esprit de faction qui divise, il écrivait : « La pensée qui m'occupe le plus, c'est en quoi consiste notre communion d'idées, quels sont les points sur lesquels nous pourrions nous rencontrer, tous, de n'importe quelle tendance. Profondément convaincu que, « en la pensée russe, se concilient les antagonismes » de l'Europe, lui, « vieil Européen russe », comme il se nommait, il travaillait de toutes les forces de son âme à cette unité russe, où dans un grand amour du pays et de l'humanité devaient se fondre tous les partis. « Oui, je partage votre opinion, que la Russie achèvera l'Europe, de par sa mission même. Cela m'est évident depuis longtemps », écrit-il de Sibérie. Ailleurs, il parle des Russes comme d'une « *nation vacante, capable de se mettre à la tête des intérêts communs de l'humanité entière* ». Et si, par une conviction, peut-être seulement prématurée, il s'illusionnait sur l'importance du peuple russe (ce qui n'est nullement ma pensée), ce n'était point par infatuation chauvine mais par l'intuition et l'intelligence profonde qu'il avait lui-même, *en tant que Russe*, croyait-il, des raisons et des passions diverses des partis qui divisent l'Europe. Parlant de Pouchkine, il se loue de sa « faculté de sympathie universelle », puis ajoute : Cette aptitude-là, il la partage précisément avec notre peuple, et c'est par là surtout qu'il est national. » Il considère l'âme russe comme « un terrain de conciliation de toutes les tendances européennes », et va jusqu'à s'écrier : « Quel est le vrai Russe qui ne pense pas avant tout à l'Europe ! » jusqu'à prononcer cette étonnante parole : « Le vagabond russe a besoin du bonheur universel pour s'apaiser. »

Convaincu que « le caractère de la future avidité russe doit être au plus haut degré panhumain, que l'idée russe sera peut-être la synthèse de toutes les idées que l'Europe développe avec tant de persévérance et de courage dans ses diverses nationalités », il tourne constamment vers l'étranger ses regards ; ses jugements politiques et sociaux sur la France et sur l'Allemagne sont pour nous les plus intéressants passages de cette correspondance. Il voyage, s'attarde en Italie, en Suisse, en Allemagne, attiré par le désir de connaître d'abord, retenu des mois durant par la continuelle question pécuniaire, soit qu'il n'ait pas assez d'argent pour continuer son voyage, payer les dettes nouvelles, soit qu'il craigne de retrouver en Russie d'anciennes dettes et de regoûter de la prison… « Avec ma santé, dit-il à quarante-neuf ans, je ne supporterais pas même six mois dans un lieu d'emprisonnement, et, surtout, je ne pourrais travailler. »

Mais, à l'étranger, l'air de la Russie, le contact avec le peuple russe, tout aussitôt lui manquent : il n'est pour lui ni de Sparte, ni de Tolède, ni de Venise ; il ne peut s'acclimater, se plaire même un instant nulle part. « Ah ! Nicolas Nicolaïevitch, écrit-il à Strakhov, comme il m'est insupportable de vivre à l'étranger, je ne saurais vous l'exprimer ! » Pas une lettre d'exil qui ne contienne la même plainte : il faut que j'aille en Russie : ici, l'ennui m'écrase.... » Et comme s'il puisait à même, là-bas, l'aliment secret de ses œuvres, comme si la sève, sitôt arraché de son sol, lui manquait : « Je n'ai pas de goût à écrire, Nicolas Nicolaïevitch, ou bien j'écris avec une grande souffrance. Qu'est-ce que cela veut dire, je ne saurais le comprendre. Je pense seulement que c'est le besoin de la Russie. Il faut revenir coûte que coûte. » Et ailleurs : « J'ai besoin de la Russie, pour mon travail et pour mes œuvres... J'ai senti avec trop de netteté que n'importe où que nous vivions, ce serait indifférent, à Dresde ou ailleurs, je serai partout dans un pays étranger, détaché de ma patrie. » Et encore : » Si vous saviez jusqu'à quel point je me sens tout à fait inutile et étranger !... Je deviens stupide et borné et je perds l'habitude de la Russie. Pas d'air russe, ni de personnes russes. Enfin, je ne comprends pas du tout les émigrants russes. Ce sont des fous. »

C'est pourtant à Genève, à Vevey qu'il écrit *l'Idiot*, *l'Éternel Mari*, *les Possédés* ; n'importe ! « Vous dites des paroles d'or à propos de mon travail ici ; en effet, je resterai en arrière, non pas au point de vue du siècle, mais au point de vue de la connaissance de ce qui se passe chez nous (je le sais certainement mieux que vous, car *journellement !* je lis *trois* journaux russes jusqu'à la dernière ligne et je reçois *deux revues*), mais je me déshabituerai du *cours vivant de l'existence* ; non pas de son idée, mais de son essence même ; et comme cela agit sur le travail artistique ! »

De sorte que cette « sympathie universelle » s'accompagne, se fortifie d'un nationalisme ardent qui, dans l'esprit de Dostoïevsky, en est le complément indispensable. Il proteste, sans lassitude, sans trêve contre ceux qu'on appelait alors là-bas les « progressistes », c'est-à-dire (j'emprunte cette définition à Strakhov), « cette race de politiciens qui attendaient les progrès de la culture russe, non point d'un développement organique du fonds national, mais d'une assimilation précipitée de l'enseignement occidental ».

— « Le Français est avant tout Français, et l'Anglais Anglais, et leur but suprême est de rester eux-mêmes. C'est là qu'est leur force. » Il s'insurge « contre ces hommes qui déracinent les Russes », et n'attend pas Barrès pour mettre en garde l'étudiant qui, en « s'arrachant à la société et en l'abandonnant, ne va pas au peuple, mais quelque part, à l'étranger, dans l'*européisme*, dans le règne absolu de l'homme universel qui n'a jamais existé et, de cette façon, rompt avec le peuple, le méprise et le méconnaît. » Tout comme Barrès à propos du « kantisme malsain », il écrit, dans la préface de la revue qu'il dirige[11] : « Quelque fertile que soit une idée importée de l'étranger, elle ne pourra prendre racine chez nous, s'acclimater et nous être réellement utile que si notre vie nationale, sans aucune inspiration et poussée du dehors, faisait surgir d'elle-même cette idée naturellement, pratiquement, par suite de sa nécessité, de son besoin reconnu pratiquement par tous... Aucune nation du monde, aucune société plus ou moins stable ne s'est formée sur un programme de commande, importé du dehors… » Et je ne connais pas dans Barrès déclaration plus catégorique ni plus pressante.

Mais tout à côté voici ce que je regrette de ne point trouver chez Barrès : La capacité de s'arracher pour un moment de son sol afin de se regarder sans parti pris est l'indice d'une très forte personnalité, en même temps que la capacité de regarder l'étranger avec bienveillance est un des dons les plus grands et les plus nobles de la nature. Et d'ailleurs Dostoïevsky ne semblait-il pas prévoir l'aveuglement jusqu'où devait nous entraîner cette doctrine : « Il est impossible de détromper le Français et de l'empêcher de se croire le premier homme de l'univers. D'ailleurs, il ne sait que très peu de l'univers… De plus il ne tient pas à savoir. C'est un trait commun à toute la nation et très caractéristique. »

Il se sépare plus nettement, plus heureusement encore, de Barrès, par son individualisme. Et, en regard de Nietzsche, il nous devient un admirable exemple pour montrer de combien peu d'infatuation, de suffisance, s'accompagne parfois de cette croyance en la valeur du moi. Il écrit : « Le plus difficile dans ce monde, c'est de rester soi-même » ; « et, « il ne faut gâcher sa vie pour aucun but » ; car pour lui, non plus que sans patriotisme, sans individualisme il n'est nul moyen de servir l'humanité. Si quelques barrésistes lui étaient acquis par les déclarations que je citais tout à l'heure, quel barrésiste les déclarations que voici ne lui aliéneraient-elles pas ?

De même, en lisant ces paroles : « Dans l'humanité nouvelle, l'idée esthétique est troublée. La base morale de la société, prise dans le positivisme, non seulement ne donne pas de résultats, mais ne peut pas se définir elle-même, s'embrouille dans les désirs et dans les idéaux. Se trouve-t-il donc encore trop peu de faits pour prouver que la société ne se fonde pas ainsi, que ce ne sont pas ces chemins qui conduisent au bonheur et que le bonheur ne provient pas de là comme on le croyait jusqu'à présent ? Mais alors d'où provient-il ? On écrit tant de livres et on perd de vue le principal : à l'occident on a perdu le Christ… et l'occident tombe à cause de cela, uniquement à cause de cela. » Quel catholique français n'applaudirait… s'il ne se heurtait point devant l'incident, que d'abord j'omettais : « On a perdu le Christ, — *par la faute du catholicisme.* » Quel catholique français dès lors oserait se laisser émouvoir par les larmes de piété dont cette correspondance ruisselle ? En vain Dostoïevsky voudra-t-il « révéler au monde un Christ russe, inconnu à l'univers et dont le principe est contenu dans notre orthodoxie », — le catholique français, de par son orthodoxie à lui, se refusera d'écouter, — et c'est en vain, pour aujourd'hui du moins, que Dostoïevsky ajoutera : « À mon avis, c'est là que se trouve le principe de notre future puissance civilisatrice et de la résurrection par nous de toute l'Europe, et toute l'essence de notre future force. »

De même encore si Dostoïevsky peut offrir à M. de Vogüé de quoi voir en lui « de l'acharnement contre la pensée, contre la plénitude de la vie, » une « sanctification de l'idiot, du neutre, de l'inactif », etc., nous lisons d'autre part dans la lettre à son frère, non donnée par Bienstok : « Ce sont des gens simples, me dira-t-on. Mais un homme simple est bien plus à craindre qu'un homme compliqué. » — À une jeune fille qui désirait « se rendre utile » et lui avait exprimé sa volonté de devenir infirmière ou sage-femme : « … en s'occupant régulièrement de son instruction on se prépare à une activité cent fois plus utile… », écrit-il ; et plus loin : « ne serait-il pas mieux de s'occuper de votre instruction supérieure ?… La plupart de nos spécialistes sont des gens *profondément peu instruits*… et la plupart de nos étudiants et étudiantes sont tout à fait sans aucune instruction. Quel bien peuvent-ils faire à l'humanité ! » Et certes je n'avais pas besoin de ces paroles pour comprendre que M. de Vogüé se trompait, mais tout de même on pouvait se méprendre.

Dostoïevsky ne se laisse pas plus facilement enrôler pour ou contre le socialisme ; car, si Hoffmann est en droit de dire : « Socialiste, dans le sens le plus humain du mot, Dostoïevsky n'a jamais cessé de l'être », ne lisons-nous pas dans la correspondance ; « Déjà le socialisme a rongé l'Europe ; si on tarde trop, il démolira tout. »

Conservateur, mais non traditionaliste ; tsariste, mais démocrate ; chrétien, mais non catholique romain ; libéral, mais non « progressiste », Dostoïevsky reste celui *dont on ne sait comment se servir*. On trouve en lui de quoi mécontenter chaque parti. Car il ne se persuada jamais qu'il eût trop de toute son intelligence pour le rôle qu'il assumait — ou qu'en vue de fins immédiates, il eût le droit d'incliner, de fausser cet instrument infiniment délicat. « À propos de *toutes ces tendances possibles*, écrit-il, — et les mots sont soulignés par lui, — qui se sont confondues en un souhait de bienvenue pour moi (9 avril 1876), j'aurais voulu écrire un article sur l'impression causée par ces lettres… Mais, ayant réfléchi à cet article, je me suis soudain aperçu qu'il était impossible de l'écrire en toute sincérité ; alors, s'il n'y a pas de sincérité, est-ce que cela vaut la peine de l'écrire ? » Que veut-il dire ? Sans doute ceci : que pour écrire cet article opportun d'une manière qui plaise à tous et en assure le succès, il lui faudrait forcer sa pensée, la simplifier outre mesure, pousser enfin ses convictions au delà de *leur naturel*. C'est là ce qu'il ne peut consentir.

Par un individualisme sans dureté et qui se confond avec la simple probité de pensée, il ne consent à présenter cette pensée qu'en son intégrité complexe. Et son insuccès parmi nous n'a pas de plus forte ni de plus secrète raison.

Et je ne prétends pas insinuer que les grandes convictions emportent d'ordinaire avec elles une certaine improbité de raisonnement ; mais elles se passent volontiers d'intelligence ; et tout de même M. Barrès est trop intelligent pour n'avoir pas vite compris que ce n'est pas en éclairant équitablement une idée sur toutes ses faces qu'on lui fait faire un rapide chemin dans le monde — mais en la poussant résolument d'un seul côté.

Pour faire réussir une idée, il faut ne mettre en avant qu'elle seule, ou, si l'on préfère : pour réussir, il faut ne mettre en avant qu'une idée. Trouver une bonne formule ne suffit pas ; il s'agit de n'en plus sortir. Le public, devant chaque nom, veut savoir à quoi s'en tenir et ne supporte pas ce qui lui encombrerait le cerveau. Quand il entend nommer : Pasteur, il aime à pouvoir penser aussitôt : oui, la rage ; Nietzsche ? le surhomme ; Curie ? le radium ; Barrès ? la terre et les morts ; Quinton ? le plasma ; tout comme on disait : Bornibus ? sa moutarde. Et Parmentier, si tant est qu'il ait « inventé » la pomme de terre, est plus connu, grâce à ce seul légume, que si nous lui devions tout notre potager.

Dostoïevsky faillit connaître en France le succès, lorsque M. de Vogüé inventa de nommer « religion de la souffrance » et de clicher ainsi en une formule portative la doctrine qu'il trouvait incluse dans les derniers chapitres de *Crime et châtiment*. Qu'elle y soit, je le veux croire, et que la formule en soit heureusement trouvée... Par malheur, elle ne contenait pas son homme ; il débordait de toutes parts. Car s'il était pourtant de ceux pour qui « une seule chose est nécessaire : connaître Dieu », du moins, cette connaissance de Dieu, voulait-il la répandre à travers son œuvre dans son humaine et anxieuse complexité

Ibsen non plus n'était pas facile à réduire ; non plus qu'aucun de ceux dont l'œuvre demeure plus interrogative qu'affirmative. Le succès relatif des deux drames : *Maison de poupée* et *l'Ennemi du peuple,* n'est point dû à leur précellence, mais cela vient de ce qu'Ibsen y livre un semblant de conclusion. Le public est mal satisfait par l'auteur qui n'aboutit pas à quelque solution bien saillante ; c'est pécher par incertitude, croit-il, paresse de pensée ou faiblesse de conviction ; et le plus souvent, goûtant fort peu l'intelligence, cette conviction il ne la jauge qu'à la violence, la persistance et l'uniformité de l'affirmation.

Désireux de ne point élargir encore un sujet déjà si vaste, je ne chercherai pas aujourd'hui à préciser sa doctrine ; je voulais seulement indiquer ce qu'elle renferme de contradictions pour l'esprit occidental, peu accoutumé à ce désir de conciliation des extrêmes. Dostoïevsky reste convaincu que ces contradictions ne sont qu'apparentes entre le nationalisme et l'européisme, entre l'individualisme et l'abnégation ; il pense que, pour ne comprendre qu'une des faces de cette question vitale, les partis opposés restent également distants de la vérité. Qu'on me permette encore une citation ; elle éclairera sans doute mieux la position de Dostoïevsky qu'un commentaire ne pourrait faire[12] : « Faut-il donc être impersonnel pour être heureux ? Le salut est-il dans l'effacement ? Bien au contraire, dis-je, non seulement il ne faudrait pas s'effacer, mais il faudrait encore devenir une personnalité, même à un degré supérieur qu'on ne le devient dans l'Occident. Comprenez-moi : le sacrifice volontaire, en pleine conscience et libre de toute contrainte, le sacrifice de soi-même au profit de tous, est selon moi l'indice du plus grand développement de la personnalité, de sa supériorité, d'une possession parfaite de soi-même, du plus grand libre arbitre… Une personnalité fortement développée, tout à fait convaincue de son droit d'être une personnalité, ne craignant plus pour elle-même, ne peut rien faire d'elle-même, c'est-à-dire ne peut servir à aucun autre usage que de se sacrifier aux autres, afin que tous les autres deviennent exactement de pareilles personnalités arbitraires et heureuses. C'est la loi de la nature : l'homme normal tend à l'atteindre. »

Cette solution, le Christ la lui enseigne ; « Qui veut sauver sa vie la perdra ; qui donnera sa vie pour l'amour de moi la rendra vraiment vivante. »

Rentré à Pétersbourg dans l'hiver de 71-72, à cinquante ans, il écrit à Ianovsky : « Il faut l'avouer, la vieillesse arrive ; et cependant on n'y songe pas, on se dispose encore à écrire de nouveau (il préparait les *Karamazov*), à publier quelque chose qui puisse contenter enfin ; on attend encore quelque chose de la vie et cependant il est possible qu'on ait tout reçu. Je vous parle de moi ; eh bien ! je suis parfaitement heureux. » C'est ce bonheur, cette joie par delà la douleur, qu'on sent latente dans toute la vie et l'œuvre de Dostoïevsky, joie qu'avait parfaitement bien flairée Nietzsche, et que je reproche en toutes choses à M. de Vogüé de n'avoir absolument pas distinguée.

Le ton des lettres de cette époque change brusquement. Ses correspondants habituels habitant avec lui Pétersbourg, ce n'est plus à eux qu'il écrit, mais à des inconnus, des correspondants de fortune qui s'adressent à lui pour être édifiés, consolés, guidés. Il faudrait presque tout citer ; mieux vaut renvoyer au livre ; je n'écris cet article que pour y amener mon lecteur.

Enfin, délivré de ses horribles soucis d'argent, il s'emploie de nouveau, durant les dernières années de sa vie, à diriger le *Journal d'un homme de lettres*, qui ne parut que de manière intermittente. « Je vous avoue, écrit-il au célèbre Aksakov, en novembre 1880, c'est-à-dire trois mois avant sa mort — je vous avoue, en ami, qu'ayant l'intention d'entreprendre dès l'année prochaine l'édition du *Journal*, j'ai souvent et longuement prié Dieu, à genoux, pour qu'il me donne un cœur pur, une parole pure, sans péché, sans envie, et incapable d'irriter. »

Dans ce *Journal* où M. de Vogüé ne savait voir que des « hymnes obscurs, échappant à l'analyse comme à la controverse », le peuple russe heureusement distinguait autre chose et Dostoïevsky put, autour de son œuvre, sentir se réaliser à peu près ce rêve d'unité des esprits, sans unification arbitraire.

À la nouvelle de sa mort, cette communion et confusion des esprits se manifesta de manière éclatante, et si d'abord « les éléments subversifs projetèrent d'accaparer son cadavre », on vit bientôt, « par une de ces fusions inattendues dont la Russie a le secret, quand une idée nationale l'échauffe, tous les partis, tous les adversaires, tous les lambeaux disjoints de l'empire rattachés par ce mort dans une communion d'enthousiasme ». La phrase est de M. de Vogüé, et je suis heureux, après toutes les réserves que j'ai faites sur son étude, de pouvoir citer ces nobles paroles. « Comme on disait des anciens tsars qu'ils « rassemblaient » la terre russe, écrit-il plus loin, ce roi de l'esprit avait rassemblé là le cœur russe. »

C'est ce même ralliement d'énergies qu'il opère à présent à travers l'Europe, lentement, mystérieusement presque, — en Allemagne surtout où les éditions de ses œuvres se multiplient, en France enfin où la génération qui s'élève reconnaît et goûte, mieux que celle de M. de Vogüé, sa vertu. Les secrètes raisons qui différèrent son succès seront celles mêmes qui l'assureront plus durable.

---

1. ↑ Que le fin lettré Marcel Schwob tenait pour le chef-d'œuvre de Dostoïevsky.
2. ↑ Une version soi-disant complète des *Frères Karamazov* a été donnée depuis (1906) à la librairie Charpentier, par les soins de MM. Bienstock et Torquet.
3. ↑ Du moins, il ne resterait plus à traduire que quelques nouvelles sans importance. Peut-être nous saura-t-on gré de donner ici le catalogue des traductions ; les voici, par ordre chronologique de production :

Les Pauvres Gens (1844). Trad. Victor Derély. Plon et Nourrit, 1888. — *Le Double* (1846). Trad. Bienstock et Werth. *Mercure*, 1906. — *La Femme d'un autre* (1848) (et quelques nouvelles). Trad. Halpérine-Kaminsky et Ch. Morice. Plon, 1888. — *Les Étapes de la Folie (Un cœur faible*, 1848). Trad. Halp.-Kaminsky. Perrin, 1891. — *Le Voleur honnête* (1848). Trad. 1892. — *Nétotschka Neswanowa* (1848). Trad. Halpérine-Kaminsky, Lafitte, 1914. — *Âme d'enfant* (1849). Trad. Halp.-Kaminsky. Flammarion, 1890 — *Carnet d'un inconnu* (Stepanchikovo, 1858). Trad. Bienstock et Torquet. Mercure, 1905. — *Le Rêve de l'oncle* (1859). Trad. Halpérine-Kaminsky. Plon, 1895. — *Souvenirs de la maison des morts* (1859-1862). Trad. Neyroud, Plon, 1886. — *Humiliés et offensés* (1861). Trad. Humbert. Plon, 1884. — *L'Esprit souterrain* (1864). Trad. Halp.-Kaminsky et Ch. Morice. Plon, 1886. — *Le Joueur et les Nuits blanches* (1848-1867). Trad. Halp.-Kaminsky, Plon, (1887). — *Crime et châtiment* (1866). Trad. Victor Derély, Plon, 1884. — *L'Idiot* (1868). Trad. Victor Derély. Plon, 1887. — *L'Éternel Mari* (1869). Trad. Mme Halpérine-Kaminsky. Plon, 1896. — *Les Possédés* (1870-1872). Trad. Victor Derély. Plon, 1886. — *Le Journal d'un écrivain* (1876-1877). Trad. Bienstock et J.-A. Nau. Charpentier-Fasquelle, 1904. — *L'Adolescent* (1875). Trad. Bienstock et Fénéon. *Revue blanche* (Fasquelle), 1902. — *Noël russe* (1876). Trad. Crzyrowki. Prudhomme, à Châteaudun, 1894. — *Les Frères Kamarazov* (1870-1880). I. Trad. Halpérine-Kaminsky et Ch. Morice. Plon, 1888 ; II. Trad. Bienstock et Torquet. Charpentier, 1906.

Ont paru à part : « Les Précoces », extrait des *Frères Karamazov*. Trad. Halpérine-Kaminsky. Havard, 1889 ; Flammarion, 1897. — « Krotkaia », extrait du *Journal d'un écrivain*. Trad. Halp.-Kaminsky. Plon, 1886. [Liste arrêtée en 1908.]

4. ↑ C'est pourquoi nous nous conformerons, dans toutes nos citations, au texte de M. Bienstock, espérant que gaucheries, incorrections même — assez gênantes parfois — imitent de leur mieux celles du texte russe. Cela soit dit d'ailleurs sous toutes réserves.

5. ↑ Il peut nous paraître (dit celui-ci) et surtout après un regard jeté sur la correspondance intime de Dostoïevsky, qu'Anna Grigorievna, veuve du poète, et André Dostoïevsky, frère cadet du poète, aient été mal conseillés dans le choix des lettres qu'ils ont livrées à la publicité, et que, sans nuire en rien à la discrétion, ils eussent avantageusement remplacé par quelques lettres plus intimes maintes lettres qui ne traitent que de la

question d'argent. — Il n'existe pas moins de quatre cent soixante-quatre lettres de Dostoïevsky a Anna Grigorievna, sa seconde femme, dont aucune n'a été encore livrée au public.

6. ↑ Pour épais que soit ce volume, il eût pu l'être, il eût dû l'être davantage. Nous déplorons que M. Bienstock n'ait pas pris soin de réunir aux lettres offertes d'abord au public celles parues depuis dans diverses revues. Pourquoi, par exemple, ne donne-t-il que la première des trois lettres parues dans la *Niva* (avril 1898) ? Pourquoi pas la lettre du 1er décembre 1856 à Vrangel — du moins les fragments qui en ont été donnés, où Dostoïevsky raconte son mariage et manifeste l'espoir d'être guéri de son hypocondrie par le bouleversement heureux de sa vie ? Pourquoi pas surtout l'admirable lettre du 22 février 1854, importante entre toutes, parue dans la *Rousskaia Starina* et dont la traduction (Halpérine et Ch. Morice) a paru dans *la Vogue* du 12 juillet 1886 ? Et si nous le félicitons de nous avoir donné en supplément de ce volume la *Requête à l'empereur*, les trois préfaces de la revue *Vremia*, cet indigeste *Voyage à l'étranger*, où se lisent quelques passages intéressant particulièrement la France, et le très remarquable *Essai sur la bourgeoisie*, — pourquoi n'y a-t-il pas joint le pathétique plaidoyer : *Ma défense*, écrit lors de l'affaire Petrachevsky, paru en Russie il y a huit ans, et dont la traduction française (Fréd. Rosenberg) a été donnée par la *Revue de Paris* ? Peut-être, enfin, quelques notes explicatives, de-ci de-là, eussent-elles aidé la lecture, et peut-être quelques divisions expliquant d'époque en époque, parfois, les longs intervalles de silence.

7. ↑ « Oh ! mon ami ! Elle m'aimait infiniment et je l'aimais de même ; cependant nous ne vivions pas heureux ensemble. Je vous raconterai tout cela quand je vous verrai ; sachez seulement que, bien que très malheureux ensemble (à cause de son caractère étrange, hypocondriaque et maladivement fantasque), nous ne pouvions cesser de nous aimer. Même plus nous étions malheureux, plus nous nous attachions l'un à l'autre. Quelque étrange que cela paraisse, c'est ainsi. » (lettre à Vrangel après la mort de sa femme.)

8. ↑ « Pour défendre les idées qu'il croyait avoir », dit M. de Vogüé

9. ↑ Durant ses quatre années de bagne, Dostoïevsky était resté sans nouvelles des siens ; — le 22 février 1854, dix jours avant son élargissement, il écrivait à son frère la première des lettres de Sibérie dont nous avons connaissance, cette lettre admirable que je regrette de ne pas trouver dans le recueil de M. Bienstock : « Je puis enfin causer avec toi plus longuement, plus sûrement aussi, il me semble... Mais avant tout, laisse-moi te demander, au nom de Dieu, pourquoi tu ne m'as pas

encore écrit une seule ligne. Je n'aurais jamais cru cela ! Combien de fois, dans ma prison, dans ma solitude, ai-je senti venir le véritable désespoir en pensant que, peut-être, tu n'existais plus ; et je réfléchissais durant des nuits entières au sort de tes enfants, et je maudissais la destinée qui ne me permettait pas de leur venir en aide... Se pourrait-il qu'on t'eût défendu de m'écrire ? Mais cela est permis ! Tous les condamnés politiques reçoivent ici plusieurs lettres par an... Mais je crois avoir deviné la véritable cause de ton silence : c'est ton apathie naturelle... »

10. ↑ Lettre à Mikhaïl, du 22 février 1854, non donnée par Bienstock.
11. ↑ Préface à la revue l'*Époque*, donnée par Bienstock en supplément à la correspondance.
12. ↑ Je l'extrais d'un « Essai sur la bourgeoisie, chapitre d'un *Voyage à l'étranger*, que M. Bienstock a fort bien fait de publier avec la traduction de cette correspondance.

« LES FRÈRES KARAMAZOV [1]. »

Dostoïevsky, « le seul qui m'ait appris quelque chose en psychologie », disait Nietzsche.

Sa fortune parmi nous a été bien singulière. M. de Vogüé qui présentait la littérature russe à la France, il y a quelque vingt ans, semblait effrayé de l'énormité de ce monstre. Il s'excusait, il prévenait poliment l'incompréhension du premier public ; grâce à lui, on avait chéri Tourgueneff, on admirait de confiance Pouchkine et Gogol ; on ouvrait un large crédit pour Tolstoï ; mais Dostoïevsky... décidément, c'était trop russe ; M. de Vogüé criait casse-cou. Tout au plus consentait-il à diriger les curiosités des premiers lecteurs sur les deux ou trois tomes de l'œuvre qu'il estimait les plus accessibles et où l'esprit se pouvait le plus indolemment retrouver ; mais, par ce même geste, il écartait, hélas ! les plus significatives, les plus ardues sans doute, mais nous pouvons oser le dire aujourd'hui, les plus belles. Cette prudence était, penseront certains, nécessaire, comme peut-être il avait été nécessaire d'habituer le public à la *Symphonie pastorale,* de l'acclimater lentement, avant de lui servir la *Symphonie avec chœurs.* S'il fut bon d'attarder et de limiter les premières curiosités aux *Pauvres Gens,* à *la Maison des morts,* et à *Crime et châtiment,* il est temps aujourd'hui que le lecteur affronte les grandes œuvres : *l'Idiot, les Possédés,* et surtout *les Frères Karamazov.*

Ce roman est la dernière œuvre de Dostoïevsky. Ce devait être le premier d'une série. Dostoïevsky avait alors cinquante-neuf ans ; il écrivait :

> Je constate souvent avec peine que je n'ai pas exprimé, littéralement, la vingtième partie de ce que j'aurais voulu, et peut-être même pu exprimer. Ce qui me sauve, c'est l'espoir habituel qu'un jour Dieu m'enverra tant de force et d'inspiration, que je m'exprimerai plus complètement, bref que je pourrai exposer tout ce que je renferme dans mon cœur et dans ma fantaisie.

Il était de ces rares génies qui s'avancent d'œuvre en œuvre, par une sorte de progression continue, jusqu'à ce que la mort les vienne brusquement interrompre. Aucun fléchissement dans cette fougueuse vieillesse, non plus que dans celle de Rembrandt ou de Beethoven à qui je me plais à le comparer ; une sûre et violente aggravation de la pensée.

Sans complaisance aucune envers soi-même, insatisfait sans cesse, exigeant jusqu'à l'impossible, — pleinement conscient pourtant de sa valeur, — devant que d'aborder les *Karamazov,* un secret tressaillement de joie l'avertit : il tient enfin un sujet à sa taille, à la taille de son génie.

> Il m'est rarement arrivé, écrit-il, d'avoir à dire quelque chose de plus neuf, de plus complet, de plus original.

C'est ce livre qui fut le livre de chevet de Tolstoï à son lit de mort.

Effrayés par son étendue, les premiers traducteurs ne nous donnèrent de ce livre incomparable qu'une version mutilée ; sous prétexte d'unité extérieure, des chapitres entiers, de-ci de-là, furent amputés, — qui suffirent à former un volume supplémentaire paru sous ce titre : *les Précoces*. Par précaution, le nom de Karamazov y fut changé en celui de Chestomazov, de manière à achever de dérouter le lecteur. Cette traduction était d'ailleurs fort bonne dans tout ce qu'elle consentait à traduire, et je continue de la préférer à celle qui nous fut donnée depuis. Peut-être certains, se rapportant à l'époque où elle parut, estimeront-ils que le public n'était point mûr encore pour supporter une traduction intégrale d'un chef-d'œuvre aussi foisonnant ; je ne lui reprocherai donc que de ne point s'avouer incomplète.

Il y a quatre ans parut la nouvelle traduction de MM. Bienstock et Nau. Elle offrait ce grand avantage de présenter, en un volume plus serré, l'économie générale du livre ; je veux dire qu'elle restituait en leur place les parties que les premiers traducteurs en avait d'abord éliminées ; mais, par une systématique condensation, et j'allais dire congélation de chaque chapitre, ils dépouillaient les dialogues de leur balbutiement et de leur frémissement pathétiques, ils sautaient le tiers des phrases, souvent des paragraphes entiers, et des plus significatifs. Le résultat est net, abrupt, sans ombre, comme serait une gravure sur zinc, ou mieux un dessin au trait d'après un profond portrait de Rembrandt. Quelle vertu n'est donc point celle de ce livre pour demeurer, malgré tant de dégradations, admirable ! Livre qui put attendre son heure patiemment, comme patiemment ont attendu leur heure ceux de Stendhal ; livre dont l'heure enfin semble venue.

En Allemagne, les traductions de Dostoïevsky se succèdent, chacune renchérissant sur la précédente en exactitude scrupuleuse et en vigueur. L'Angleterre, plus revêche et lente à s'émouvoir, prend souci de ne rester point en arrière. Dans le *New Age* du 23 mars dernier, Arnold Bennett, annonçant la traduction de Mrs Constance Garnett, souhaite que tous les romanciers et nouvellistes anglais puissent se mettre à l'école « des plus puissantes œuvres d'imagination que personne ait jamais écrites » ; et, parlant plus spécialement des *Frères Karamazov* : « Là, dit-il, la passion atteint à sa plus haute puissance. Ce livre nous présente une douzaine de figures absolument colossales. »

Qui dira si jamais ces « colossales figures » se sont adressées, en Russie même, à personne autant qu'à nous, directement, et si, avant aujourd'hui, leur voix pouvait paraître aussi urgente ? Ivan, Dmitri, Aliocha, les trois frères, si différents et si consanguins à la fois, que suit et inquiète partout l'ombre piteuse de Smerdiakoff, leur laquais et leur demi-frère. L'intellectuel Ivan, le passionné Dmitri, Aliocha le mystique, semblent à eux trois se partager le monde moral que déserte honteusement leur vieux père, — et je les sais exercer déjà sur maints jeunes gens une domination indiscrète ; leur voix ne nous paraît déjà plus étrangère ; que dis-je ? c'est en nous que nous les entendons dialoguer. Toutefois, nul symbolisme intempestif dans la construction de cette œuvre ; on sait qu'un vulgaire fait divers, une « cause » ténébreuse, que prétendit éclaircir la subtile sagacité du psychologue, servit de premier prétexte à ce livre. Rien de plus constamment existant que ces significatives figures ; pas un instant elles n'échappent à leur pressante réalité.

Il s'agit de savoir, aujourd'hui qu'on les porte sur le théâtre (et de toutes les créations de l'imagination ou de tous les héros de l'histoire, il n'en est point qui méritent davantage d'y monter), il s'agit de savoir si nous reconnaîtrons leurs voix déconcertantes à travers les intonations concertées des acteurs.

Il s'agit de savoir si l'auteur de l'adaptation saura nous présenter, sans les dénaturer trop, les événements nécessaires à l'intrigue où s'affrontent ces personnages. Je le tiens pour intelligent à l'excès, et habile ; il a compris, j'en suis certain, que, pour répondre aux exigences de la scène, il ne suffit point de découper, selon la méthode ordinaire, et de servir tout crus les épisodes les plus marquants du roman, mais bien de ressaisir le livre à l'origine, de le recomposer et réduire, de disposer ses éléments en vue d'une perspective différente.

Il s'agit enfin de savoir si consentiront de les regarder avec une attention suffisante ceux des spectateurs qui n'auront pas déjà pénétré dans l'intimité de cette œuvré. Sans doute n'auront-ils pas cette « présomption extraordinaire, cette ignorance phénoménale » que Dostoïevsky déplorait de rencontrer chez les intellectuels russes. Il souhaitait, alors, les « arrêter dans la voie de la négation, ou bien, au moins, les faire réfléchir, les faire douter ».

Et ce que j'écris ici n'a pas un autre but.

(*Figaro*, 4 avril 1911.)

---

1. ↑ Article écrit avant la représentation du drame de Jacques Copeau et J. Croué, d'après le roman de Dostoïevsky.

ALLOCUTION

LUE AU VIEUX-COLOMBIER

POUR LA CÉLÉBRATION DU CENTENAIRE DE DOSTOÏEVSKY

Les admirateurs de Dostoïevsky étaient, il y a quelques années, assez peu nombreux ; mais comme il advient toujours lorsque les premiers admirateurs sont recrutés dans l'élite, leur nombre va toujours grandissant, et la salle du Vieux-Colombier est beaucoup trop petite pour les contenir tous aujourd'hui. Comment il se fait que certains esprits demeurent encore réfractaires à son œuvre admirable, c'est ce que je voudrais d'abord examiner. Car, pour triompher d'une incompréhension le meilleur moyen c'est de la tenir pour sincère et de tâcher de la comprendre.

Ce qu'on a surtout reproché à Dostoïevsky au nom de notre logique occidentale, c'est je crois, le caractère irraisonné, irrésolu et souvent presque irresponsable de ses personnages. C'est tout ce qui, dans leur figure, peut paraître grimaçant et forcé. Ce n'est pas, nous dit-on, de la vie réelle qu'il représente ; ce sont des cauchemars. Je crois cela parfaitement faux ; mais accordons-le, provisoirement, et ne nous contentons pas de répondre, avec Freud, qu'il y a plus de sincérité dans nos rêves que dans les actions de notre vie. Écoutons plutôt ce que Dostoïevsky lui-même dit des rêves, et des « absurdités et impossibilités évidentes dont foisonnent nos songes et que vous admettez sur-le-champ, sans presque en éprouver de surprise, alors même que, d'autre part, votre intelligence déploie une puissance inaccoutumée. Pourquoi, continue-t-il, quand vous vous réveillez et rentrez dans le monde, sentez-vous presque toujours, et parfois avec une rare vivacité, que le songe en vous quittant emporte comme une énigme indevinée par vous ? L'extravagance de votre rêve vous fait sourire et en même temps vous sentez que ce tissu d'absurdités renferme une idée, mais une idée réelle, quelque chose qui existe, et qui a toujours existé dans votre cœur ; vous croyez trouver dans votre songe une prophétie attendue par vous... » (*L'Idiot*, t. II, p. 185.)

Ce que Dostoïevsky dit ici du rêve, nous l'appliquerons, à ses propres livres, non que je consente un seul instant à assimiler ces récits à l'absurdité de certains rêves, mais bien parce que nous sentons également, au réveil de ses livres, — et lors même que notre raison se refuse à y donner un assentiment total. — nous sentons qu'il vient de toucher quelque point secret « qui appartient à notre vie véritable ». Et je crois que nous trouverons ici l'explication de ce refus de certaines intelligences devant le génie de Dostoïevsky, au nom de la culture occidentale. Car je remarque aussitôt qu'e dans toute notre littérature occidentale et je ne parle pas de la française seulement, le roman, à part de très rares exceptions, ne s'occupe que des relations des hommes entre eux, rapports passionnels ou intellectuels, rapports de famille, de société, de classes sociales, — mais jamais, presque jamais, des rapports de l'individu avec lui-même ou avec Dieu, — qui priment ici tous les autres. Je crois que rien ne fera mieux comprendre ce que je veux dire que ce mot d'un Russe que rapporte Mme Hoffmann dans sa biographie de Dostoïevsky (la meilleure et de beaucoup, que je connaisse — mais qui n'est pas traduite, malheureusement), mot par lequel elle prétend précisément nous faire sentir une des particularités de l'âme russe. Ce Russe donc, à qui l'on reprochait son inexactitude, ripostait très sérieusement : « Oui, la vie est difficile ! Il y a des instants qui demandent à être vécus correctement, ce qui est bien plus important que le fait d'être en retard à un rendez-vous. » La vie intime est ici plus importante que les rapports des hommes entre eux. C'est bien là, ne croyez-vous pas, le secret de Dostoïevsky, ce qui tout à la fois le rend si grand, si important pour quelques-uns, si insupportable pour beaucoup d'autres.

Et je ne prétends pas un instant que l'Occidental, le Français, soit de part en part et uniquement un être de société, qui n'existe qu'avec un costume : les *Pensées* de Pascal sont là, les *Fleurs du mal*, livres graves et solitaires, et néanmoins aussi français que n'importe quels autres livres de notre littérature. Mais il semble qu'un certain ordre de problèmes, d'angoisses, de passions, de rapports, soient réservés au moraliste, au théologien, au poète et que le roman n'ait que faire de s'en laisser encombrer. De tous les livres de Balzac, *Louis Lambert* est sans doute le moins réussi ; en tout cas, ce n'était qu'un monologue. Le prodige réalisé par Dostoïevsky, c'est que chacun de ses personnages, et il en a créé tout un peuple, existe d'abord en fonction de lui-même, et que chacun de ces êtres intimes, avec son secret particulier, se présente à nous dans toute sa complexité problématique ; le prodige, c'est que ce sont ces problèmes que vivent chacun de ses personnages, et je devrais dire : qui vivent aux dépens de chacun de ses personnages — ces problèmes qui se heurtent, se combattent et s'humanisent pour agoniser ou pour triompher devant nous.

Il n'y a pas de question si haute que le roman de Dostoïevsky ne l'aborde. Mais, immédiatement après avoir dit cela, il me faut ajouter : il ne l'aborde jamais d'une manière abstraite, les idées n'existent jamais chez lui qu'en fonction de l'individu ; et c'est là ce qui fait leur perpétuelle relativité ; c'est là ce qui fait également leur puissance. Tel ne parviendra à cette idée sur Dieu, la Providence et la vie éternelle que parce qu'il sait qu'il doit mourir dans peu de jours ou d'heures (c'est Hippolyte de *l'Idiot*), tel autre dans *les Possédés* édifie toute une métaphysique où déjà Nietzsche est en germe, en fonction de son suicide, et parce qu'il doit se tuer dans un quart d'heure — et l'on ne sait plus, en l'entendant parler, s'il pense cela parce qu'il doit se tuer, ou s'il doit se tuer parce qu'il pense cela. Tel autre enfin, le prince Muichkine, ses plus extraordinaires, ses plus divines intuitions, c'est à l'approche de la crise d'épilepsie qu'il les doit. Et de cette remarque je ne veux point tirer pour le moment d'autre conclusion que ceci : que les romans de Dostoïevsky, tout en étant les romans — et j'allais dire les livres — les plus chargés de pensée, ne sont jamais abstraits, mais restent aussi les romans, les livres les plus pantelants de vie que je connaisse.

Et c'est pourquoi, si représentatifs que soient les personnages de Dostoïevsky, jamais on ne les voit quitter l'humanité pour ainsi dire, et devenir symboliques. Ce ne sont plus jamais des *types* comme dans notre comédie classique ; ils restent des individus, aussi spéciaux que les plus particuliers personnages de Dickens, aussi puissamment dessinés et peints que n'importe quel portrait d'aucune littérature. Écoutez ceci :

> Il y a des gens dont il est difficile de dire quelque chose qui les présente d'emblée sous leur aspect le plus caractéristique ; ce sont ceux qu'on appelle communément les hommes « ordinaires », la « masse », et qui, en effet, constituent l'immense majorité de l'espèce humaine. À cette vaste catégorie appartiennent plusieurs des personnages de notre récit, et notamment Gabriel Ardalionovitch.

Voici donc un personnage qu'il va être particulièrement difficile de caractériser. Que va-t-il parvenir à en dire :

> Presque depuis l'adolescence, Gabriel Ardalionovitch avait été tourmenté par le sentiment constant de sa médiocrité, en même temps que par l'envie irrésistible de se convaincre qu'il était un homme supérieur. Plein d'appétits violents, il avait, pour ainsi dire, les nerfs agacés de naissance, et il croyait à la

force de ses désirs parce qu'ils étaient impétueux. Sa rage de se distinguer le poussait parfois à risquer le coup de tête le plus inconsidéré, mais toujours au dernier moment notre héros se trouvait trop raisonnable pour s'y résoudre. Cela le tuait[1].

et voici pour un des personnages les plus effacés. Il faut ajouter que les autres, les grandes figures du premier plan, il ne les peint pas, pour ainsi dire, mais les laisse se peindre elles-mêmes, tout au cours du livre, en un portrait sans cesse changeant, jamais achevé. Ses principaux personnages restent toujours en formation, toujours mal dégagés de l'ombre. Je remarque en passant combien profondément il diffère par là de Balzac dont le souci principal semble être toujours la parfaite conséquence du personnage. Celui-ci dessine comme David ; celui-là peint comme Rembrandt, et ses peintures sont d'un art si puissant et souvent si parfait que, n'y aurait-il pas derrière elles, autour d'elles, de telles profondeurs de pensée, je crois bien que Dostoïevsky resterait encore le plus grand de tous les romanciers.

---

1. ↑ *L'Idiot*, I, pp. 193-194

CONFÉRENCES

DU VIEUX-COLOMBIER [1]

Conférences :   I
—   II
—   III
—   IV
—   V
—   VI

---

1. ↑ Parues à la *Revue hebdomadaire*.

Je n'ai pas cru devoir récrire ces causeries dont le texte fut établi d'après la sténographie qui en fut prise, — quelque peu retouchée de-ci de-là. J'aurais craint, en les remaniant, de leur imposer moins de tenue que je ne leur eusse enlevé de naturel.

I

Quelque temps avant la guerre, je préparais, pour les *Cahiers* de Charles Péguy, une *Vie de Dostoïevsky*, à l'imitation des vies de *Beethoven* et de *Michel-Ange*, ces belles monographies de Romain Rolland. La guerre vint, et il me fallut mettre de côté les notes que j'avais prises à ce sujet. Longtemps, d'autres soucis et d'autres soins m'occupèrent, et j'avais à peu près abandonné mon projet, lorsque, tout récemment, pour fêter le centenaire de Dostoïevsky, Jacques Copeau me demanda de prendre la parole dans une séance commémorative, au Vieux-Colombier. Je ressortis ma liasse de notes ; il me parut, en les relisant à distance, que les idées que j'y avais consignées méritaient de nous retenir ; mais que, pour les exposer, l'ordre chronologique, auquel m'obligerait une biographie, n'était peut-être pas le meilleur. Ces idées, dont Dostoïevsky, dans chacun de ses grands livres, forme comme une tresse épaisse, il est souvent malaisé d'en démêler l'embrouillement ; mais de livre en livre, nous les retrouvons ; ce sont elles qui m'importent et d'autant plus que je les fais miennes. Si je prenais l'un après l'autre chacun de ces livres, je ne pourrais éviter les redites, mieux vaut procéder autrement ; poursuivant de livre en livre ces idées, je tâcherai de les dégager, de m'en saisir et de vous les exposer aussitôt le plus clairement que me permettra leur apparente confusion. Idées de psychologue, de sociologue, de moraliste, car Dostoïevsky est à la fois tout cela, — tout en demeurant avant tout un romancier. Ce sont elles qui feront l'objet de ces entretiens. Mais, comme les idées ne se présentent jamais, dans l'œuvre de Dostoïevsky, à l'état brut, mais restent toujours en fonction des personnages qui les expriment (et de là précisément leur confusion et leur relativité) ; comme d'autre part j'ai souci d'éviter moi-même l'abstraction et de donner à ces idées le plus de relief possible, je voudrais tout d'abord vous présenter la personne de Dostoïevsky, vous parler des quelques événements de sa vie qui nous révéleront son caractère, et nous permettront de dessiner sa figure.

La biographie que je préparais avant la guerre, je me proposais de la faire précéder d'une introduction, où j'eusse examiné d'abord l'idée que l'on se fait communément du grand homme. J'eusse, pour éclairer cette idée, rapproché Dostoïevsky de Rousseau, rapprochement qui n'eût pas été arbitraire : leurs deux natures présentent en effet de profondes analogies — qui ont permis aux *Confessions* de Rousseau d'exercer sûr Dostoïevsky une extraordinaire influence. Mais il me paraît que Rousseau a été dès le début de sa vie, comme empoisonné par Plutarque. À travers lui, Rousseau s'était fait du *grand homme* une représentation un peu déclamatoire et pompeuse. Il plaçait devant lui la statue d'un héros imaginaire, à laquelle il s'efforça, toute sa vie, de ressembler. Il tâchait d'être ce qu'il voulait paraître. Je consens que la peinture qu'il fait de lui soit sincère ; mais il songe à son attitude et c'est l'orgueil qui la lui dicte.

> La fausse grandeur, dit admirablement La Bruyère, est farouche et inaccessible : comme elle sent son faible, elle se cache, ou du moins ne se montre pas de front, et ne se fait voir qu'autant qu'il faut pour imposer et ne paraître point ce qu'elle est, je veux dire une vraie petitesse.

Et si je ne consens tout de même pas à reconnaître ici Rousseau, par contre, c'est à Dostoïevsky que je pense lorsque je lis plus loin :

> La véritable grandeur est libre, douce, familière, populaire ; elle se laisse toucher et manier, elle ne perd rien à être vue de près ; plus on la connaît, plus on l'admire. Elle se courbe par bonté vers ses inférieurs, et revient sans effort dans son naturel ; elle s'abandonne quelquefois, se néglige, se relâche de ses avantages, toujours en pouvoir de les reprendre et de les faire valoir…

Chez Dostoïevsky, en effet, nulle pose, nulle mise en scène. Il ne se considère jamais comme un surhomme ; il n'y a rien de plus humblement humain que lui ; et même je ne pense pas qu'un esprit orgueilleux puisse tout à fait bien le comrendre.

Ce mot d'*humilité* reparaît sans cesse dans sa *Correspondance* et dans ses livres :

> Pourquoi me refuserait-il ? D'autant plus que je n'exige pas, mais que je prie humblement (lettre du 23 novembre 1869. « Je n'exige pas, je demande humblement » (7 décembre 1869). « J'ai adressé la demande la plus humble » (12 février 1870).

« Il m'étonnait souvent par une sorte d'humilité », dit *l'Adolescent* en parlant de son père, et quand il cherche à comprendre les relations qu'il peut y avoir entre son père et sa mère, la nature de leur amour, il se souvient d'une phrase de son père : « Elle m'a épousé par humilité[1] »

J'ai lu tout récemment dans une interview de M. Henry Bordeaux, une phrase qui m'a un peu étonné : « Il faut d'abord chercher à se connaître », disait-il. L'interviewer aura mal compris. — Certes un littérateur qui se cherche court un grand risque ; il court le risque de se trouver. Il n'écrit plus dès lors que des œuvres froides, conformes à lui-même, résolues. Il s'imite lui-même. S'il connaît ses lignes, ses limites, c'est pour ne plus les dépasser. Il n'a plus peur d'être insincère ; il a peur d'être inconséquent. Le véritable artiste reste toujours à demi inconscient de lui-même, lorsqu'il produit. Il ne sait pas au juste qui il est. Il n'arrive à se connaître qu'à travers son œuvre, que par son œuvre, qu'après son œuvre… Dostoïevsky ne s'est jamais cherché ; il s'est éperdument donné dans son œuvre. Il s'est perdu dans chacun des personnages de ses livres ; et c'est pourquoi dans chacun d'eux on le retrouve. Nous verrons tout à l'heure son excessive maladresse, dès qu'il parle en son propre nom ; son éloquence, tout au contraire, lorsque ses propres idées sont exprimées par ceux qu'il anime. C'est en leur prêtant vie qu'il se trouve. Il vit en chacun d'eux, et cet abandon de soi dans leur diversité a pour premier effet de protéger ses propres inconséquences.

Je ne connais pas d'écrivain plus riche en contradictions et en inconséquences que Dostoïevsky ; Nietzsche dirait : « en antagonismes ». S'il avait été philosophe au lieu d'être romancier, il aurait certainement essayé de mettre ses idées au pas et nous y aurions perdu le meilleur.

Les événements de la vie de Dostoïevsky, si tragiques qu'ils soient, restent des événements de surface. Les passions qui le bouleversent semblent l'agiter profondément ; mais il reste toujours, par delà, une région que les événements, les passions mêmes n'atteignent pas. À ce sujet, une petite phrase de lui nous paraîtra révélatrice, si nous la rapprochons d'un autre texte :

> Aucun homme, écrit-il dans *la Maison des morts*, aucun homme ne vit sans un but quelconque et sans un effort pour atteindre ce but. Une fois que le but et l'espérance ont disparu, l'angoisse fait souvent de l'homme un monstre...

Mais en ce temps, il semble se méprendre encore sur ce *but*, car tout de suite après, il ajoute :

> Notre but à tous était la liberté et la sortie de la maison de force[2].

Cela est écrit en 1861. Voici donc ce qu'il entendait alors par un but. Certes, il souffrait de cette captivité épouvantable. (Il a fait quatre ans de Sibérie et six ans de service obligatoire.) Il souffrait ; mais, dès qu'il fut de nouveau libre, il put se rendre compte que le vrai but, que la liberté qu'il souhaitait vraiment, était quelque chose de plus profond, et qui n'avait rien à voir avec l'élargissement des geôles. Et en 1877, il écrit cette phrase extraordinaire, qu'il me plaît de rapprocher de ce que je vous lisais à l'instant :

> Il ne faut gâcher sa vie pour aucun but[3].

Ainsi donc, selon Dostoïevsky, nous avons une raison de vivre, supérieure, secrète, — secrète souvent même pour nous, — toute différente assurément du but extérieur que la plupart d'entre nous assignent à leur vie. Mais tâchons d'abord de nous représenter la personne de Theodor

Michaïlovitch Dostoïevsky. Son ami Riesenkampf nous le peint, tel qu'il était en 1841, à vingt ans.

> Un visage arrondi, plein ; un nez quelque peu retroussé ; des cheveux châtain clair, coupés court. Un grand front, et sous de faibles sourcils, de petits yeux gris, très enfoncés. Des joues pâles, semées de taches de rousseur. Un teint maladif, presque terreux, et des lèvres très renflées.

On dit quelquefois que c'est en Sibérie qu'il avait eu ses premières attaques d'épilepsie ; mais il était déjà malade avant sa condamnation, et la maladie n'avait fait, là-bas, qu'empirer. « Un teint maladif » : Dostoïevsky a toujours été de mauvaise santé. Pourtant c'est lui, le dolent, le faible, qui est pris pour le service militaire, tandis que son frère, très robuste au contraire, est dispensé.

En 1841, c'est-à-dire à l'âge de vingt ans, il est nommé sous-officier. Il prépare alors des examens pour obtenir, en 1843, le grade d'officier supérieur. Nous savons que son traitement était de 3 000 roubles, et bien qu'il fût entré en possession de l'héritage de son père à la mort de celui-ci, comme il menait une vie très libre et que de plus il avait dû prendre à sa charge son plus jeune frère, il s'endettait sans cesse. Cette question d'argent reparaît dans toutes les pages de sa correspondance, bien plus pressante encore que dans celle de Balzac ; elle joue un rôle extrêmement important jusque vers la fin de sa vie, et ce ne fut que dans ces dernières années qu'il sortit vraiment de la gêne.

Dostoïesky mène d'abord une vie dissipée. Il court les théâtres, les concerts, les ballets. El est insouciant. Il lui arrive de louer un appartement, parce que, simplement, la tête du logeur lui plaît. Son domestique le vole ; il s'amuse à se laisser voler. Il a de brusques sautes d'humeur, suivant la bonne ou la mauvaise fortune. Devant son incapacité à se diriger dans la vie, sa famille et ses amis souhaitent de le voir loger avec son ami Riesenkampf. « Prends en exemple le bel ordre germanique de celui-ci », lui disent-il. Riesenkampf, plus âgé de quelques années que Theodor Michaïlovitch, est docteur. En 1843, il vint s'installer à Pétersbourg. En ce temps, Dostoïevsky se trouvait sans un kopek ; il vivait de lait et de pain, à crédit. « Theodor est de ces gens auprès de qui il fait bon vivre, mais qui demeureront toujours dans le besoin », lisons-nous dans une lettre de Riesenkampf. Ils s'établissent donc ensemble, mais Dostoïevsky se révèle un camarade impossible. Il accueille les clients de Riesenkampf dans la salle où celui-ci les fait attendre. Chaque fois que l'un d'eux lui paraît misérable, il le secourt avec l'argent de Riesenkampf, ou avec le sien, lorsqu'il en a. Certain jour, il reçoit mille roubles de Moscou. L'argent sert aussitôt à régler quelques dettes, puis, le soir même, Dostoïevsky aventure au jeu le reste de la somme (au billard, nous a-t-il raconté) et dès le lendemain matin, il se voit contraint d'emprunter cinq roubles à son ami. J'oubliais de dire que les cinquante derniers roubles avaient été volés par un client de Riesenkampf que Dostoïevsky, dans un élan de subite amitié, avait introduit dans sa chambre. Riesenkampf et Theodor Michaïlovitch se séparèrent en mars 1844, sans que le dernier parût beaucoup amendé.

En 1846, il publie *les Pauvres Gens*. Ce livre eut un succès considérable, subit. La manière dont Dostoïevsky parle de ce succès est révélatrice. Nous lisons dans une lettre de cette époque :

> Je suis tout étourdi, je ne vis pas, je n'ai pas le temps de réfléchir. On m'a créé une renommée douteuse, et je ne sais jusques à quand durera cet enfer[4].

Je ne parle que des événements les plus importants et saute par-dessus la publication de plusieurs livres de moindre intérêt.

En 1849, il est saisi par la police avec un groupe de suspects. C'est ce qu'on appela la conspiration de Petrachevsky.

Il est très difficile de dire ce qu'étaient au juste les opinions politiques et sociales de Dostoïevsky, en ce temps. Dans cette fréquentation de gens suspects, sans doute faut-il voir beaucoup de curiosité intellectuelle et certaine générosité de cœur qui le poussa inconsidérément au risque ; mais rien ne nous permet de croire que Dostoïevsky ait été jamais ce qu'on peut appeler un anarchiste, un être dangereux pour la sûreté de l'État.

De nombreux passages de sa *Correspondance* et du *Journal d'un écrivain* nous le présentent d'une opinion toute contraire, et le livre entier des *Possédés* nous offre comme le procès même de l'anarchie. Toujours est-il qu'il fut pris parmi ces gens suspects qui s'assemblaient autour de Petrachevsky. Il fut incarcéré, passa en jugement, s'entendit condamner à mort. Ce ne fut qu'au dernier moment que cette peine de mort fut commuée et qu'il fut envoyé en Sibérie. Tout cela vous le savez déjà. Je voudrais ne vous dire dans ces *Causeries* que ce que vous ne pourriez trouver ailleurs ; mais, pour ceux qui ne les connaissent pas, je vous lirai néanmoins quelques passages de ses lettres ayant trait à sa condamnation et à sa vie de bagne. Ils m'ont paru extrêmement révélateurs. Nous y verrons, à travers la peinture de ses angoisses, reparaître sans cesse cet optimisme qui le soutint toute sa vie. Voici donc ce qu'il écrivait, le 18 juillet 1849, de la forteresse où il attendait son jugement :

> Dans l'homme il y a une grande réserve d'endurance et de vie, et, vraiment, je ne croyais pas qu'il y en eût autant. Maintenant je l'ai appris par expérience.

Puis en août, tout accablé par la maladie :

> C'est un péché que de se décourager… Le travail excessif, *con amor*, voilà le véritable bonheur.

Et encore le 14 septembre 1849 :

> Je m'attendais à bien pis, et je sais maintenant ne j'ai une si grande provision de vie en moi qu'il est difficile de l'épuiser[5].

Je vous lirai presque en entier sa courte lettre du 22 décembre :

> Aujourd'hui, 22 décembre, on nous a conduits à la place Semionovsky. Là, on nous a lu à tous l'arrêt de mort, on nous a fait baiser la croix, on a brisé des épées au-dessus de nos têtes, et on nous a fait notre suprême toilette (des chemises blanches). Ensuite, on a placé trois de nous à des poteaux pour l'exécution. Moi, j'étais le sixième, on appelait trois par trois ; j'étais donc dans la deuxième série et je n'avais plus que quelques instants à vivre. Je me suis souvenu de toi, frère, de tous les tiens ; au dernier moment, c'était toi seul qui étais dans ma pensée ; j'ai compris alors combien je t'aimais, mon frère chéri ! J'ai eu le temps d'embrasser Plestchéev, Dourov, qui étaient à mes côtés, et de leur faire mes adieux. Enfin on a sonné la retraite, on a ramené ceux qui étaient

attachés aux poteaux et on nous a lu que Sa Majesté Impériale nous accordait la vie.

Nous retrouverons à plus d'une reprise, dans les romans de Dostoïevsky, des allusions plus ou moins directes à la peine de mort et aux derniers instants des condamnés. Je ne puis m'y attarder pour le moment.

Avant le départ pour Semipalatinsk, on lui laissa une demi-heure pour prendre congé de son frère. Il fut le plus calme des deux nous rapporte un ami, et dit à son frère :

Au bagne, mon ami, ce ne sont pas des animaux sauvages, mais bien des hommes, meilleurs que moi peut-être, peut-être plus méritants… Eh oui ! nous nous verrons encore ; je l'espère, je n'en doute pas. Écrivez-moi seulement, et envoyez-moi des livres ; je vous écrirai bientôt lesquels ; on doit bien pouvoir lire là-bas.

(Cela était un pieux mensonge pour consoler le frère, ajoute le chroniqueur.)

Dès que j'en serai sorti, je commencerai à écrire ; j'ai beaucoup vécu durant ces mois-ci ; et dans ce temps que voici devant moi, que ne vais-je pas voir et éprouver ! La matière ne me manquera pas pour écrire ensuite.

Durant les quatre années de Sibérie qui suivirent, il ne fut pas permis à Dostoïevsky d'écrire aux siens ; du moins le volume de correspondance que nous avons ne nous donne-t-il aucune lettre de cette époque et les *Documents* (Materialen) d'Orest Müller, parus en 1883, ne nous en signalent aucune ; mais depuis la publication de ces *Documents*, de nombreuses lettres de Dostoïevsky ont été livrées à la publicité ; d'autres se retrouveront sans doute encore.

D'après Müller, Dostoïevsky sortit du bagne le 2 mars 1854 ; d'après les documents officiels, il en sortit le 23 janvier.

Les archives font mention de dix-neuf lettres de Theodor Dostoïevsky, du 16 mars 1854 au 11 septembre 1856, à son frère, à des parents, à des amis, durant les années de service militaire à Semipalatinsk, où il acheva de purger sa peine. La traduction de M. Bienstock ne donne que douze lettres, et, je ne sais pourquoi, pas l'admirable lettre du 22 février 1854, dont une traduction parut en 1886 dans les numéros 12 et 13 (aujourd'hui introuvables) de *la Vogue* et que redonne la *Nouvelle Revue française* dans son numéro du 1ᵉʳ février de cette année. Précisément parce qu'elle ne se trouve pas dans le volume de sa *Correspondance*, permettez-moi de vous en lire de longs passages :

Le 22 février 1854.

Je puis enfin causer avec toi plus longuement, plus sûrement aussi, il me semble. Mais avant tout, laisse-moi te demander au nom de Dieu pourquoi tu ne m'as pas encore écrit une seule ligne. Je n'aurais jamais cru cela ! Combien de fois, dans ma prison, dans ma solitude, ai-je senti le véritable désespoir en pensant que peut-être, tu n'existais plus : et je réfléchissais durant des nuits entières au sort de tes enfants, et je maudissais la destinée qui ne me permettait pas de leur venir en aide.

Ainsi ce dont il souffre le plus, ce n'est peut-être point de se sentir abandonné ; c'est de ne pouvoir venir en aide.

Comment t'exprimer tout ce que j'ai dans la tête ? Te faire comprendre ma vie ; les convictions que j'ai acquises, mes occupations durant ce temps, ce n'est pas possible. Je n'aime pas à faire les choses à moitié : ne dire qu'une partie de la vérité, c'est ne rien dire. Voici du moins l'essence de cette vérité : tu l'auras tout entière, *si tu sais lire*. Je te dois ce récit, je vais donc commencer à réunir mes souvenirs.

Tu te rappelles comment nous nous sommes séparés, mon cher, mon ami, mon meilleur ami. Dès que tu m'eus quitté… on nous emmena tous trois, Dourov, Yastrjembsky et moi pour nous mettre les fers. C'est à minuit, juste à l'instant de la Noël, qu'on m'a mis les fers pour la première fois. Ils pèsent dix livres et la marche en est très incommodée. Puis on nous fit monter dans des traîneaux découverts, chacun à part avec un gendarme (cela faisait quatre traîneaux, le feldyeguer en ayant un pour lui seul) et nous quittâmes Saint-Pétersbourg.

J'avais le cœur gros, la multitude de mes sentiments me troublait. Il me semblait que j'étais pris dans un tourbillon et je ne ressentais qu'un désespoir morne. Mais l'air frais me ranima et *comme il arrive toujours à chaque changement dans la vie, la vivacité même de mes impressions me rendit mon courage, de sorte qu'au bout de très peu de temps je fus rasséréné*. Je me mis à regarder avec intérêt Pétersbourg que nous traversions. Les maisons étaient éclairées en l'honneur de la fête, et je disais adieu à chacune d'elles, l'une après l'autre. Nous dépassâmes ta maison. Celle de Krorevsky était tout illuminée. C'est là que je devins mortellement triste. Je savais par toi-même qu'il y avait un arbre de Noël et qu'Émilia Théodorovna devait y conduire les enfants ; il me semblait que je leur disais adieu. Que je les regrettais ! et que de fois encore, plusieurs années après, je me les suis rappelés, avec des larmes dans les yeux.

Nous allions à Yaroslavl. Après trois ou quatre stations, nous arrêtâmes vers l'aube à Schlisselbourg, dans un traktir. Nous nous jetâmes sur le thé, comme si nous n'avions pas mangé pendant une semaine. Huit mois de prison et soixante verstes de route nous avaient mis en si bel appétit que *je m'en souviens avec plaisir. J'étais gai*. Dourov parlait sans cesse. Quant à Yastrjembsky, il voyait l'avenir en noir. Nous tâtâmes notre feldyeguer. C'était un bon vieillard, plein d'expérience ; il a traversé toute l'Europe en portant des dépêches. Il nous traita avec une douceur, une bonté qu'on ne peut s'imaginer. Il nous fut bien précieux tout le long de la route. Son nom est Kousma Prokolyitch. Entre autres complaisances, il eut celle de nous procurer des traîneaux couverts, ce qui ne nous fut pas indifférent, car le froid devenait terrible.

Le lendemain étant un jour de fête, les Yamschtchiki avaient revêtu l'armiak en drap gris allemand avec des ceintures écarlates. Dans les rues des villages, pas une âme. Il faisait une splendide journée d'hiver. On nous fit traverser les déserts des gouvernements de Pétersbourg, Novgorod, Yaroslavl, etc. Nous ne rencontrions que des petites villes sans importance et clairsemées, mais à cause des fêtes nous trouvions partout à manger et à boire. Nous avions horriblement froid quoique nous fussions chaudement vêtus.

Tu ne peux t'imaginer comme il est intolérable de passer sans bouger dix heures dans la kibitka et de faire cinq à six stations par jour. J'avais froid jusqu'au cœur et c'est à peine si je parvenais à me réchauffer dans une chambre chaude. Dans le gouvernement de Perm, nous avons eu une nuit de 40 degrés : je ne te conseille pas de faire cette expérience, c'est assez désagréable.

Le passage de l'Oural fut un désastre. Il y avait un orage de neige. Les chevaux et les kibitki s'enfoncèrent ; il fallut descendre, c'était en pleine nuit, et attendre qu'on les eût dégagés. Autour de nous la neige, l'orage, la frontière de l'Europe ; devant nous la Sibérie et le mystère de notre avenir ; derrière nous, tout notre passé. C'était triste. J'ai pleuré.

Pendant tout notre voyage, des villages entiers accouraient pour nous voir et, malgré nos fers, on nous faisait payer triple dans les stations. Mais Kousma Prokolyitch prenait à son compte près de la moitié de nos dépenses : il l'exigea ; de sorte ne nous... ne dépensâmes que quinze roubles argent chacun.

Le 11 janvier 1850, nous arrivâmes à Tobolsk. Après nous avoir présentés aux autorités, on nous fouilla, on nous prit tout notre argent, et on nous mit, moi, Dourov et Yastrjembsky dans un compartiment à part, tandis que Spieschner et ses amis en occupaient un autre : nous ne nous sommes pour ainsi dire pas vus.

Je voudrais te parler en détail des six jours que nous passâmes à Tobolsk et de l'impression que j'en ai gardé. Mais ce n'est pas le moment. Je puis seulement te dire que *nous avons été entourés de tant de sympathie, de tant de compassion que nous nous sentions heureux.* Les anciens déportés (ou du moins non pas eux, mais leurs femmes) s'intéressaient à nous comme à des parents. Âmes merveilleuses que vingt-cinq ans de malheur ont éprouvées sans les aigrir ! D'ailleurs nous n'avons pu que les entrevoir, car on nous surveillait très sévèrement. Elles nous envoyaient des vivres et des vêtements. Elles nous consolaient, nous encourageaient. Moi qui suis parti sans rien, sans même emporter les vêtements nécessaires, j'avais eu le loisir de m'en repentir le long de la route... Aussi ai-je bien accueilli les couvertures qu'elles nous ont procurées.

Enfin, nous partîmes.

Trois jours, après nous arrivions à Omsk.

Déjà à Tobolsk, j'avais appris quels devaient être nos chefs immédiats. Le commandant était un homme très honnête. Mais le major de place de Krivtsov était un gredin comme il y en a peu, barbare, maniaque, querelleur, ivrogne, en un mot tout ce qu'on peut imaginer de plus vil.

Le jour même de notre arrivée, il nous traita de sots, Dourov et moi, à cause du motif de notre condamnation, et jura qu'à la première infraction il nous ferait infliger un châtiment corporel. Il était major de place depuis deux ans et commettait au su et au vu de tous des injustices criantes. Il passa en justice deux ans plus tard. Dieu m'a préservé de cette brute ! Il arrivait toujours ivre (je ne l'ai jamais vu autrement), cherchait querelle aux condamnés et les frappait sous prétexte qu'il était « saoul à tout casser ». D'autres fois, pendant sa visite de nuit, parce qu'un homme dormait sur le côté droit, parce qu'un autre parlait en rêvant, enfin pour tous les prétextes qui lui passaient par la tête, nouvelle distribution de coups ; et c'était avec un tel homme qu'il nous fallait vivre sans attirer sa colère ! et cet homme adressait tous les mois des rapports sur nous à Saint-Pétersbourg.

. . . .

J'ai passé ces quatre ans derrière un mur, ne sortant que pour être mené aux travaux. Le travail était dur ! Il m'est arrivé de travailler épuisé déjà, pendant le mauvais temps, sous la pluie dans la boue, ou bien pendant le froid intolérable de l'hiver. Une fois, je suis resté quatre heures à exécuter un travail supplémentaire : le mercure était pris ; il y avait plus de 40 degrés de froid. J'ai eu un pied gelé.

Nous vivions en tas, tous ensemble, dans la même caserne. Imagine-toi un vieux bâtiment délabré, une construction en bois, hors d'usage et depuis longtemps condamnée à être abattue. L'été on y étouffait, l'hiver on y gelait.

Le plancher était pourri, recouvert d'un *verschok*[6] de saleté. Les petites croisées étaient vertes de crasse, au point que, même dans la journée, c'est à peine si on pouvait lire. Pendant l'hiver, elles étaient couvertes d'un *verschok* de glace. Le plafond suintait. Les murs étaient crevassés. Nous étions serrés comme des harengs dans un tonneau. On avait beau mettre six bûches dans le poêle, aucune chaleur (la glace fondait à peine dans la chambre), mais une fumée insupportable et voilà pour tout l'hiver.

Les forçats lavaient eux-mêmes leur linge dans les chambres, de sorte qu'il y avait des mares d'eau partout ; on ne savait où marcher. De la tombée de la nuit jusqu'au jour, il était défendu de sortir sous quelque prétexte que ce fût, et on mettait à l'entrée des chambres un baquet pour un usage que tu devines ; toute la nuit, la puanteur nous asphyxiait. « Mais, disaient les forçats, puisqu'on est des êtres vivants, comment ne pas faire des cochonneries. »

Pour lit, deux planches de bois nu ; on ne nous permettait qu'un oreiller. Pour couvertures, des manteaux courts qui nous laissaient les pieds découverts ; toute la nuit nous grelottions. Les punaises, les poux, les cafards, on aurait pu les mesurer au boisseau. Notre costume d'hiver consistait en deux manteaux fourrés, des plus usés, et qui ne tenaient pas chaud du tout ; aux pieds, des bottes à courtes tiges, et allez ! marchez comme ça en Sibérie !

On nous donnait à manger du pain et du schtschi[7] où le règlement prescrivait de mettre un quart de livre de viande par homme. Mais cette viande était hachée, et je n'ai jamais pu la découvrir. Les jours de fête, nous avions du cacha[8], presque sans beurre ; pendant le carême, de la choucroute à l'eau, rien de plus. Mon estomac s'est extrêmement débilité, j'ai été plus d'une fois malade. Juge s'il eût été possible de vivre sans argent ! Si je n'en avais pas eu, que serais-je devenu ? Les forçats ordinaires ne pouvaient pas plus que nous se contenter de ce régime ; mais ils font tous, à l'intérieur de la caserne, un petit commerce et gagnent quelques kopeks. Moi, je buvais du thé et j'obtenais quelquefois pour de l'argent le morceau de viande qui m'était dû ; c'est ce qui m'a sauvé. De plus, il aurait été impossible de ne pas fumer, on aurait été asphyxié dans une telle atmosphère ; mais il fallait se cacher.

J'ai passé plus d'un jour à l'hôpital. J'ai eu des crises d'épilepsie ; rares, il est vrai. J'ai encore des douleurs rhumatismales aux pieds. À part cela, ma santé est bonne. À tous ces désagréments, ajoute la presque complète privation de livres. Quand je pouvais par hasard m'en procurer un, il fallait le lire furtivement, au milieu de l'incessante haine de mes camarades, de la tyrannie de nos gardiens, et au bruit des disputes, des injures, des cris, dans un perpétuel tapage. Jamais seul ! Et cela quatre ans, quatre ans ! Parole ! Dire que nous étions mal, ce n'est pas assez dire ! Ajoute cette appréhension continuelle de commettre quelque infraction, qui met l'esprit dans une gêne stérilisante, et tu auras le bilan de ma vie.

Ce qu'il est advenu de mon âme et de mes croyances, de mon esprit et de mon cœur, durant ces quatre ans, je ne te le dirai pas, ce serait trop long. La constante méditation où je fuyais l'amère réalité n'aura pas été inutile. J'ai maintenant des désirs, des espérances qu'auparavant je ne prévoyais même pas. Mais ce ne sont encore que des hypothèses ; donc passons. Seulement toi, ne m'oublie pas, aide-moi ! Il me faut des livres, de l'argent : fais-m'en parvenir, au nom du Christ !

Omsk est une petite ville, presque sans arbres ; une chaleur excessive, du vent et de la poussière en été, en hiver, un vent glacial. Je n'ai pas vu la campagne. La ville est sale, soldatesque et par conséquent débauchée au plus haut point (je parle du peuple). Si je n'avais pas rencontré des âmes sympathiques, je crois que j'aurais été perdu. Konstantin Ivonitch Ivanor a été un frère pour moi. Il m'a rendu tous les bons offices possibles. Je lui dois de l'argent. S'il vient à Pétersbourg, remercie-le. Je lui dois vingt-cinq roubles. Mais comment payer cette cordialité, cette constante disposition à réaliser chacun de mes désirs, ces attentions, ces soins ?... Et il n'était pas le seul ! *Frère, il y a beaucoup d'âmes nobles dans le monde.*

Je t'ai déjà dit que ton silence m'a bien tourmenté. Mais je te remercie pour l'envoi d'argent. Dans ta plus prochaine lettre (même dans la lettre officielle, car je ne suis pas encore sûr de pouvoir te donner une autre adresse), donne-moi des détails sur toi, sur Émilia Theodovna, les enfants, les parents, les amis, nos connaissances de Moscou, qui vit, qui est mort. Parle-moi de ton commerce : avec quel capital fais-tu maintenant tes affaires ? Réussis-tu ? As-tu déjà quelque chose ? Enfin pourras-tu m'aider pécuniairement et de combien pourras-tu m'aider par an ? Ne m'envoie l'argent dans la lettre officielle que si je ne trouve pas d'autre adresse ; en tout cas, signe toujours Mikhaïl Petrovitch (tu comprends ?). Mais j'ai encore un peu d'argent ; en revanche, je n'ai pas de livres. Si tu peux, envoie-moi les revues de cette année, par exemple les *Annales de la patrie*.

Mais voici le plus important : il me faut (à tout prix) les historiens antiques (traduction française) et les nouveaux ; quelques économistes et les Pères de l'Église. Choisis les éditions les moins coûteuses et les plus compactes. Envoie immédiatement.

. . . .

Ce sont des gens simples, me dira-t-on pour m'encourager. Mais *un homme simple est bien plus à craindre qu'un homme compliqué.*

D'ailleurs les hommes sont partout les mêmes. Aux travaux forcés, parmi des brigands, j'ai fini par découvrir des hommes, des hommes véritables, des caractères profonds, puissants, beaux. De l'or sous de l'ordure. Il y en avait qui, par certains aspects de leur nature, forçaient l'estime ; d'autres étaient beaux tout entiers, absolument. J'ai appris à lire à un jeune Tcherky envoyé au bagne pour brigandage ; je lui ai même enseigné le russe. De quelle reconnaissance il m'entourait ! Un autre forçat pleurait en me quittant ; je lui ai donné de l'argent, très peu, il m'en a une gratitude sans bornes. Et pourtant mon caractère s'était aigri ; j'étais avec eux capricieux, inconstant ; mais ils avaient égard à l'état de mon esprit et supportaient tout de moi, sans murmurer. *Et que de types merveilleux j'ai pu observer au bagne !* J'ai vécu de leur vie et puis me vanter de les bien connaître.

Que d'histoires d'aventuriers et de brigands j'ai recueillies ! Je pourrais en faire des volumes. Quel peuple extraordinaire ! Je n'ai pas perdu mon temps ; si je n'ai pas étudié la Russie, je sais par cœur le peuple russe ; bien peu le connaissent comme moi... Je crois que je me vante. C'est pardonnable, n'est-ce pas ?

. . . .

Envoie-moi le Coran, Kant (*Critique de la raison pure*), Hegel, surtout son *Histoire de la philosophie*. Mon avenir dépend de tous ces livres. Mais surtout remue-toi pour m'obtenir d'être transféré au Caucase. Demande à des gens bien informés où Je pourrais publier mes livres et quelles démarches il faudrait faire. D'ailleurs je ne compte rien publier avant deux ou trois ans. Mais d'ici là, aide-moi à vivre, je t'en conjure ! Si je n'ai pas un peu d'argent, je serai tué par le service ! Je compte sur toi !

. . . .

Maintenant je vais écrire des romans et des drames. Mais j'ai encore à lire beaucoup, beaucoup ; ne m'oublie donc pas !

Encore une fois adieu.

Th. D.

Cette lettre resta sans réponse, comme tant d'autres. Il appert que Theodor Michaïlovitch resta sans nouvelles des siens durant toute sa captivité, ou presque toute. Faut-il croire, de la part de son frère, à de la prudence, à la crainte de se compromettre, à de l'indifférence peut-être ? Je ne sais... C'est vers cette dernière interprétation qu'incline son biographe, Mme Hoffmann.

La première lettre de Dostoïevsky que nous connaissons après son élargissement et son enrôlement dans le 7ᵉ bataillon d'infanterie du corps de Sibérie, est du 27 mars 1854. Elle ne figure pas dans la traduction de M. Bienstock. Nous y lisons :

> Envoie-moi... pas de journaux, mais des historiens européens. Économistes. Pères de l'Église. Les anciens autant que possible : Hérodote, Thucydide, Tacite, Pline, Flavius, Plutarque, Diodore, etc., traduits en français. Puis le Coran et un dictionnaire allemand. Naturellement tout cela pas en une seule fois ; mais enfin ce que tu pourras. Envoie-moi aussi la *Physique* de Pissaren et un traité de physiologie, n'importe lequel, français, s'il doit être meilleur qu'en russe. Tout cela dans les éditions les moins coûteuses. Tout cela, pas en une fois ; mais lentement, un livre après l'autre. Si peu que tu fasses, je te serai reconnaissant. Comprends donc combien j'ai besoin de cette nourriture intellectuelle...

> Tu connais à présent mes principales occupations, écrit-il un peu plus tard. À vrai dire, je n'en ai pas d'autres que celles du service. Pas d'événements extérieurs, pas de troubles dans ma vie, pas d'accidents. Mais ce qui se passe dans l'âme, dans le cœur, dans l'esprit, ce qui a poussé, ce qui a mûri, ce qui s'est flétri, *ce qui a été rejeté en même temps que l'ivraie,* cela ne se dit pas et ne se raconte pas sur un bout de papier. Je vis ici dans l'isolement : je me cache, comme d'habitude. D'ailleurs, pendant cinq ans, j'étais sous escorte, et c'est quelquefois pour moi le plus grand délice de me trouver seul. En général, le bagne a détruit bien des choses en moi et en a fait éclore d'autres. Par exemple, je t'ai déjà parlé de ma maladie : d'étranges accès qui ressemblent à ceux de l'épilepsie, et cependant ce n'est pas l'épilepsie. Je te donnerai un jour des détails.

Sur cette question de la maladie, nous reviendrons dans la dernière de ces causeries.

Lisons encore dans la lettre du 6 novembre de la même année :

> Voilà bientôt dix mois que j'ai commencé ma nouvelle vie. Quant aux autres quatre années, je les considère comme une époque pendant laquelle j'étais

enterré vivant et enfermé dans un cercueil. Quelle terrible époque c'était ! je n'ai pas la force de te le raconter, mon ami. C'était une souffrance indicible, interminable, car chaque heure, chaque minute pesait sur mon âme. Pendant toutes ces quatre années, pas un instant pendant lequel je ne sentisse que j'étais au bagne.

Mais, aussitôt après, voyez à quel point son optimisme reprend le dessus :

J'étais tellement pris pendant l'été, que je trouvais à peine le temps de dormir. Mais à présent, je suis un peu habitué. Ma santé s'est aussi un peu améliorée. Et, *sans perdre l'espoir, j'envisage l'avenir avec assez de courage.*

Trois lettres de cette même époque furent données par le numéro d'avril 1898 de *la Niva*. Pourquoi M. Bienstock ne nous donne-t-il que la première de ces lettres et point celle du 21 août 1855 ? Dostoïevsky y fait allusion à une lettre d'octobre précédent, qui n'a pas encore été retrouvée.

Lorsque, dans ma lettre d'octobre de l'an précédent, je te faisais entendre les mêmes plaintes (au sujet du silence des autres), tu m'as répondu qu'il t'avait été très pénible de les lire. Mon cher Mischa ! Pour l'amour de Dieu, ne m'en veuille pas ! Songe que je suis tout seul comme un caillou rejeté, que mon caractère a toujours été sombre, maladif, émotif... *Je suis le premier convaincu que j'ai tort.*

Dostoïevsky rentra à Pétersbourg le 29 novembre 1859. À Semipalatinsk, il s'était marié. Il avait épousé la veuve d'un forçat, déjà mère d'un grand enfant, nature fort peu intéressante, semble-t-il, que Dostoïevsky adopta et prit à sa charge. Il avait la manie de se charger. « Il était peu changé », nous dit Milioukof, son ami, qui ajoute : « Son regard est plus hardi que naguère, et son visage n'a rien perdu de son expression énergique. »

En 1861, il fit paraître : *Humiliés et offensés*. En 1861-62, les *Souvenirs de la maison des morts*. *Crime et châtiment,* le premier de ses grands romans, ne parut qu'en 1866.

Dans les années 1863, 1864 et 1865, il s'occupa activement d'une revue. Une de ses lettres nous parle de ces années intermédiaires, si éloquemment que je ne me retiens point de vous lire encore ces passages. C'est, je crois, la dernière citation que je ferai de sa correspondance. Cette lettre est du 31 mars 1865[9].

…Je vais vous narrer mon histoire durant ce laps de temps. D'ailleurs pas toute. C'est impossible, car, en pareil cas, on ne raconte jamais dans les lettres les choses essentielles. Il y a des choses que je ne puis raconter tout simplement. C'est pourquoi je me bornerai à vous donner un rapide aperçu de la dernière année de ma vie.

Vous savez probablement qu'il y a quatre ans, mon frère entreprit l'édition d'une revue. J'y collaborais. Tout allait bien. Ma *Maison des morts* avait obtenu un succès considérable qui avait rénové ma réputation littéraire. Mon frère, en commençant l'édition, avait beaucoup de dettes ; elles allaient être payées, quand tout d'un coup, en mai 1863, la revue fut interdite à cause d'un article véhément et patriotique, qui, compris de travers, fut jugé comme une protestation contre les actes du gouvernement et l'opinion publique. Ce coup l'acheva ; il fit dettes sur dettes ; sa santé commença à s'altérer. Moi, à ce moment, je n'étais pas près de lui ; j'étais à Moscou, au chevet de ma femme mourante. Oui, Alexandre Égorovitch, oui, mon cher ami ! Vous m'écriviez, vous compatissiez à la perte cruelle qu'a été pour moi la mort de mon ange, de mon frère Michel, et vous ne saviez pas jusqu'à quel point le sort m'écrasait. Un autre être qui m'aimait, et que j'aimais infiniment, ma femme, est morte de phtisie à Moscou, où elle s'était installée depuis une année. De tout l'hiver 1864, je ne quittai pas son chevet.

. . . .

Oh ! mon ami ! Elle m'aimait infiniment et je l'aimais de même ; cependant, nous ne vivions pas heureux ensemble. Je vous raconterai tout cela quand je vous verrai ; sachez seulement que, bien que très malheureux ensemble (à cause de son caractère étrange, hypocondriaque et maladivement fantasque), nous ne pouvions cesser de nous aimer. Même, plus nous étions malheureux, plus nous

nous attachions l'un à l'autre. Quelque étrange que cela paraisse, c'était ainsi. C'était la femme la plus honnête, la plus noble, la plus généreuse de toutes celles que j'ai connues dans ma vie. Quand elle est morte (malgré les tourments que j'éprouvai durant toute une année à la voir se mourir), bien que j'aie apprécié et senti péniblement ce que j'ensevelissais avec elle, je ne pouvais m'imaginer combien ma vie était vide et douloureuse. Voilà déjà une année, et ce sentiment reste toujours le même…

Aussitôt après l'avoir ensevelie, je courus à Pétersbourg chez mon frère. Il me restait seul ! Trois mois plus tard, lui aussi n'était plus. Il ne fut malade qu'un mois ; et, semblait-il, peu gravement, de sorte que la crise qui l'emporta en trois jours, était presque inattendue.

Et voilà que tout d'un coup, je me suis trouvé seul ; et j'ai ressenti de la peur. C'est devenu terrible ! Ma vie brisée en deux. D'un côté le passé avec tout ce pourquoi j'avais vécu, de l'autre l'inconnu sans un seul cœur pour remplacer les deux disparus. Littéralement, il ne me restait pas de raison de vivre. Se créer de nouveaux liens, inventer une nouvelle vie ? Cette pensée seule me faisait horreur. Alors, pour la première fois, j'ai senti que je n'avais par quoi les remplacer, que je n'aimais qu'eux seuls au monde et qu'un nouvel amour non seulement ne serait pas, mais ne devait pas être.

Cette lettre fut continuée en avril, et quinze jours après le cri de désespoir que nous venons d'entendre, nous lisons, daté du 14 de ce mois, ce qui suit :

De toutes les réserves de force et d'énergie, dans mon âme est resté quelque chose de trouble et de vague, quelque chose voisin du désespoir. Le trouble, l'amertume, *l'état le plus anormal pour moi*… Et, de plus, je suis seul !

Il n'y a plus l'ami de quarante années. Cependant *il me semble toujours que je me prépare à vivre*. C'est ridicule, n'est-pas ? La vitalité du chat !

Il ajoute :

Je vous écris tout, et je vois que du principal, de ma vie morale, spirituelle, je ne vous ai rien dit, je ne vous ai même pas donné une idée.

Et je voudrais rapprocher cela d'une phrase extraordinaire que je lis dans *Crime et châtiment*. Dostoïevsky nous raconte dans ce roman l'histoire de

Raskolnikoff qui s'est rendu coupable d'un crime et fut envoyé en Sibérie. Dans les dernières pages de ce livre, Dostoïevsky nous parle de l'étrange sentiment qui s'empare de son héros. Il lui semble que, pour la première fois, il commence à vivre :

> Oui, nous dit-il, et qu'était-ce que toutes ces misères du passé ? Dans cette première joie du retour à la vie, tout, même son crime, même sa condamnation et son envoi en Sibérie, tout cela lui apparaissait comme un fait extérieur, étranger ; il semblait presque douter que cela lui fût réellement arrivé.

Et je vous lis ces phrases en justification de ce que je vous disais au début :

Les grands événements de la vie extérieure, si tragiques qu'il fussent, ont eu dans la vie de Dostoïevsky moins d'importance qu'un petit fait, auquel il faut bien que nous arrivions.

Durant son temps de Sibérie, Dostoïeysky fit la rencontre d'une femme qui mit entre ses mains l'Évangile. L'Évangile était du reste la seule lecture qui fût officiellement permise au bagne. La lecture et la méditation de l'Évangile furent pour Dostoïevsky d'une importance capitale. Toutes les œuvres qu'il écrivit par la suite sont imprégnées de la doctrine évangélique. Dans chacune de nos causeries, nous serons forcés de revenir sur les vérités qu'il y découvre.

Il me paraît d'un extrême intérêt, d'observer et de comparer les réactions si différentes que provoqua la rencontre de l'Évangile sur deux natures, par certain côté si parentes : celle de Nietzsche et celle de Dostoïevsky. La réaction immédiate, profonde, chez Nietzsche fut, il faut bien le dire, jalousie. Il ne me paraît pas que l'on puisse bien comprendre l'œuvre de Nietzsche sans tenir compte de ce sentiment. Nietzsche a été jaloux du Christ, jaloux jusqu'à la folie. En écrivant son *Zarathustra*, Nietzsche reste tourmenté du désir de faire pièce à l'Évangile. Souvent il adopte la forme même des Béatitudes pour en prendre le contre-pied. Il écrit *l'Antéchrist* et dans sa dernière œuvre, l'*Ecce Homo*, se pose en rival victorieux de Celui dont il prétendait supplanter l'enseignement.

Chez Dostoïevsky, la réaction fut toute différente. Il sentit, dès le premier contact, qu'il y avait là quelque chose de supérieur, non seulement à lui, mais à l'humanité toute entière, quelque chose de divin... Cette humilité dont je vous parlais au début, et sur laquelle il me faudra plus d'une fois revenir, le disposait à la soumission devant ce qu'il reconnaissait supérieur. Il s'est incliné profondément devant le Christ ; et la première et la plus importante conséquence de cette soumission, de ce renoncement, fut, je vous l'ai dit, de préserver la complexité de sa nature. Nul artiste, en effet ne sut mieux que lui mettre en pratique cet enseignement de l'Évangile : *Qui veut sauver sa vie la perdra, mais celui qui donne sa vie (qui fait l'abandon de sa vie), celui-là la rendra vraiment vivante.*

C'est cette abnégation, cette résignation de soi-même, qui permit la cohabitation en l'âme de Dostoïevsky des sentiments les plus contraires, qui préserva, qui sauva l'extraordinaire richesse d'antagonismes qui combattaient en lui.

Nous examinerons dans la prochaine causerie si plusieurs des traits de la figure de Dostoïevsky, qui peuvent nous paraître, à nous Occidentaux, des plus étranges, ne sont pas des traits communs à tous les Russes ; et cela nous permettra de distinguer d'autant mieux ceux qui lui sont proprement personnels.

---

1. ↑ *Adolescent,* p. 3.
2. ↑ P. 303.
3. ↑ *Correspondance,* p. 449.
4. ↑ *Correspondance,* p. 94.
5. ↑ *Correspondance,* p. 101.
6. ↑ Seizième partie de l'archine qui est de 1 m. 40.
7. ↑ Soupe à la choucroute aigre.
8. ↑ Gruau cuit.
9. ↑ V. *Correspondance* (trad. BIENSTOCK), *Mercure de France.*

II

Les quelques vérités d'ordre psychologique et moral que les livres de Dostoïevsky vont nous permettre d'aborder me paraissent des plus importantes et il me tarde d'y venir ; mais si hardies et si neuves, qu'elles risqueraient de vous paraître paradoxales si je les abordais de front. J'ai besoin de précautions.

Dans notre dernière causerie, je vous ai parlé de la figure même de Dostoïevsky ; il me semble opportun à présent, et précisément pour faire valoir d'autant plus les particularités de cette figure, de la replonger dans son atmosphère.

J'ai connu intimement quelques Russes ; mais je n'ai jamais été en Russie ; et ma tâche serait ici bien ardue, si je n'étais aidé. Je vous exposerai donc tout d'abord les quelques observations sur le peuple russe que je trouve dans un livre allemand sur Dostoïevsky. Mme Hoffmann, son excellent biographe, insiste tout d'abord beaucoup sur cette solidarité, cette fraternité pour tous et pour chacun, qui, à travers toutes les classes de la société russe, aboutissent à l'évanouissement des barrières sociales et amènent tout naturellement cette facilité de relations que nous retrouvons dans les romans de Dostoïevsky : présentations réciproques, sympathies subites, ce qu'un de ses héros appelle si éloquemment « les familles de hasard ». Les maisons deviennent des bivouacs, hospitalisent l'inconnu de la veille ; on reçoit l'ami de l'ami et l'intimité s'établit aussitôt.

Autre remarque de Mme Hoffmann sur le peuple russe : son incapacité de méthode stricte, et souvent même d'exactitude ; il semble que le Russe ne souffre pas beaucoup du désordre et ne fasse pas grand effort pour en sortir. Et s'il m'est permis de chercher une excuse au désordre de ces causeries, je la trouverai dans la confusion même des idées de Dostoïevsky, dans leur enchevêtrement extrême, et la particulière difficulté que l'on éprouve, lorsqu'on cherche à les soumettre à un plan qui satisfasse notre logique occidentale. De ce flottement, de cette indécision, Mme Hoffmann fait en partie responsable l'affaiblissement de la conscience de l'heure qu'entraînent ; échappant au rythme des heures, les interminables nuits de l'hiver, les interminables jours de l'été. Dans une courte allocution au théâtre du Vieux-Colombier, je citais déjà cette anecdote qu'elle rapporte : un Russe à qui l'on reprochait son inexactitude répliquait : « Oui, la vie est un art difficile. Il y a des instants qui méritent d'être vécus correctement, ce qui est bien plus important que d'être ponctuel à un rendez-vous, » — et nous verrons du même coup, dans cette phrase révélatrice, le sentiment particulier que le Russe a de la vie intime. Elle a pour lui plus d'importance que tous les rapports sociaux.

Signalons encore avec Mme Hoffmann la propension à la souffrance et à la compassion, au *Leiden* et au *Mitleiden*, cette compassion qui s'étend au criminel. Il n'existe en russe qu'un seul mot pour désigner le malheureux et le criminel, un seul mot pour désigner le crime et le simple délit. À cela, si nous ajoutons une contrition quasi religieuse, nous comprendrons mieux l'indéracinable défiance du Russe dans toutes ses relations avec les autres, et en particulier avec les étrangers ; défiance dont souvent se plaignent les Occidentaux, mais qui vient, affirme Mme Hoffmann, du sentiment toujours en éveil de sa propre insuffisance et peccabilité, bien plus que du sentiment de la non-valeur des autres : c'est de la défiance par humilité.

Rien ne saurait éclairer mieux cette religiosité si particulière du Russe — et qui subsiste même après que toute foi est éteinte — que le récit des quatre rencontres du prince Muichkine, le héros de *l'Idiot*, dont je vais vous donner lecture :

> À propos de la foi, commença en souriant Muichkine, la semaine dernière j'ai fait, en deux jours, quatre rencontres différentes. Un matin, voyageant en chemin de fer, je me suis trouvé avoir pour compagnon de route S..., avec qui j'ai causé pendant quatre heures... J'avais déjà beaucoup entendu parler de lui, et je savais, notamment, qu'il était athée. C'est un homme fort instruit, et je me réjouissais de pouvoir m'entretenir avec un vrai savant. De plus, il est parfaitement élevé, en sorte qu'il m'a parlé tout à fait comme si j'avais été son égal, sous le rapport de l'intelligence et de l'instruction. Il ne croit pas en Dieu. Seulement j'ai été frappé d'une chose, c'est que tout ce qu'il disait semblait étranger à la question. J'avais déjà fait une remarque analogue chaque fois qu'il m'était arrivé précédemment de causer avec des incrédules ou de lire leurs livres : il m'avait toujours paru que tous leurs arguments, même les plus spécieux, portaient à faux. Je ne le cachai pas à S..., mais sans doute je m'exprimai en termes trop peu clairs, car il ne me comprit pas... Le soir, je m'arrêtai dans une ville de district ; à l'hôtel où je descendis, tout le monde s'entretenait d'un assassinat qui avait été commis dans cette maison la nuit

précédente. Deux paysans d'un certain âge, deux vieux amis, qui n'étaient ivres ni l'un ni l'autre, avaient bu le thé, puis ils étaient allés se coucher (ils avaient demandé une chambre pour eux deux). L'un de ces voyageurs avait remarqué, depuis deux jours, une montre d'argent, retenue par une chaînette en perles de verre, que son compagnon portait et qu'il ne lui connaissait pas auparavant. Cet homme n'était pas un voleur, il était honnête et fort à son aise pour un paysan. Mais cette montre lui plut si fort, il en eut une envie si furieuse qu'il ne put se maîtriser ; il prit un couteau, et dès que son ami eut le dos tourné, il s'approcha de lui à pas de loup, visa la place, leva les yeux au ciel, se signa et murmura dévotement cette prière : « Seigneur, pardonnez-moi par les mérites du Christ ! » Il égorgea son ami d'un seul coup, comme un mouton, puis lui prit la montre..

Rogojine éclata de rire. Il y avait même quelque chose d'étrange dans cette subite gaîté d'un homme qui jusqu'alors était resté si sombre.

— Voilà, j'aime ça ! Non il n'y a pas mieux que ça ! cria-t-il d'une voix entrecoupée et presque haletante : l'un ne croit pas du tout en Dieu, et l'autre y croit à un tel point qu'il fait une prière avant d'assassiner les gens !... Non, prince, mon ami, on n'invente pas ces choses-là ! Ha, ha, ha ! Non, il n'y a pas mieux que ça...

— Le lendemain matin, j'allai me promener dans la ville, je rencontre un soldat ivre festonnant sur le trottoir pavé en bois. Il m'accoste : « Barine, achète-moi cette croix d'argent, je te la cède pour deux grivnas ; une croix en argent ! » Il m'avait mis en main une croix que sans doute il venait d'ôter de son cou ; elle était attachée à un cordon bleu. Mais au premier coup d'œil, on voyait qu'elle était en étain ; elle avait huit pointes et reproduisait fidèlement le type byzantin. Je tirai de ma poche une pièce de deux grivnas, je la donnai au soldat et me passai sa croix au cou ; la satisfaction d'avoir floué un sot barine se manifesta sur son visage et je suis persuadé qu'il alla immédiatement dépenser au cabaret le produit de cette vente. Alors, mon ami, tout ce que je voyais chez nous faisait sur moi la plus forte impression ; auparavant je ne comprenais rien à la Russie : dans mon enfance, j'ai vécu comme hébété, et plus tard, pendant les cinq années que j'avais passées à l'étranger, il ne m'était resté du pays natal que des souvenirs en quelque sorte fanatiques. Je continue donc ma promenade en me disant : « Non, j'attendrai encore avant de condamner ce Judas. Dieu sait ce qu'il y a au fond de ces faibles cœurs d'ivrognes. » Une heure après, comme je revenais à l'hôtel, je rencontrai une paysanne qui portait dans ses bras un enfant à la mamelle. La femme était encore jeune, l'enfant pouvait avoir six semaines. Il souriait à sa mère et cela depuis sa naissance. Tout à coup je vis la paysanne se signer si pieusement, si pieusement, si pieusement ! « Pourquoi fais-tu cela, ma chère ? » lui demandai-je. (Alors je questionnais toujours.) « Eh bien ! me répondit-elle, autant une mère est joyeuse quand elle remarque le premier sourire de son nourrisson, autant Dieu éprouve de joie chaque fois que, du haut du ciel, il voit un pécheur élever vers lui une ardente prière. » C'est une femme du peuple qui m'a dit cela, presque dans ces mêmes termes, qui a exprimé cette pensée si profonde, si fine, si véritablement religieuse, où se trouve tout le fond du christianisme, c'est-à-dire la notion de Dieu considéré comme notre père, et l'idée que Dieu se réjouit à la vue de l'homme comme un père à la vue de son enfant, la principale pensée du Christ ! Une simple paysanne ! À la vérité, elle était mère… et qui sait ? C'était peut-être la femme de ce soldat. Écoute, Parfène, voici ma réponse à ta question de tout à l'heure : le sentiment religieux, dans son essence, ne peut être entamé par aucun raisonnement, par aucune faute, par aucun crime, par aucun athéisme ; il y a ici quelque chose qui reste et restera éternellement en dehors de tout cela, quelque chose que n'atteindront jamais les arguments des athées. Mais le principal, c'est que nulle part on ne remarque cela que dans le cœur du Russe, et voilà ma conclusion ! C'est une des premières impressions que j'ai reçues de notre Russie. Il y a à faire, Parfène ! Il y a à faire dans notre monde, crois-moi.

Et nous voyons, à la fin de ce récit, se dessiner un autre trait de caractère : la croyance à une mission particulière du peuple russe.

Cette croyance, nous la retrouvons chez nombre d'écrivains russes ; elle devient conviction active et douloureuse chez Dostoïevsky, et son grief contre Tourguenieff était précisément de ne point retrouver chez lui ce sentiment national, de sentir Tourguenieff trop européanisé.

Dans son discours sur Pouchkine, Dostoïevsky déclare que Pouchkine, encore en pleine période d'imitation de Byron, de Chénier, brusquement trouva ce que Dostoïevsky appelle *le ton russe*, « un ton neuf et sincère ». Répondant à cette question qu'il appelle « la question maudite » : Quelle foi peut-on avoir en le peuple russe et en sa valeur ? Pouchkine s'écrie : « Humilie-toi, homme arrogant, il faut d'abord vaincre ton orgueil, humilie-toi et devant tous, courbe-toi vers le sol natal. »

Les différences ethniques ne sont peut-être nulle part mieux accusées que dans la façon de comprendre l'honneur. Le secret ressort de l'homme civilisé, qui me paraît être non point tant précisément l'amour-propre, ainsi qu'eût dit La Rochefoucauld, mais le sentiment de ce que nous appelons « le point d'honneur », — ce sentiment de l'honneur, de ce point névralgique, n'est pas exactement le même pour le Français, l'Anglais, l'Italien, l'Espagnol… Mais, en regard du peuple russe, le point d'honneur de toutes les nations occidentales semble à peu près se confondre. En prenant connaissance de l'honneur russe, il nous paraîtra du même coup combien souvent l'honneur occidental s'oppose aux préceptes évangéliques. Et précisément ici le sentiment de l'honneur chez le Russe, pour s'écarter du sentiment de l'honneur occidental, se rapproche de l'Évangile ; ou, si vous préférez, le sentiment chrétien l'emporte chez le Russe, l'emporte souvent, sur le sentiment d'honneur, tel que nous, les Occidentaux, le comprenons.

En se plaçant devant cette alternative : ou se venger, ou, en reconnaissant ses torts, présenter des excuses, l'Occidental estimera le plus souvent que cette dernière solution manque de dignité, qu'elle est le fait d'un lâche, d'un pleutre… L'Occidental a une tendance à considérer comme un trait de caractère de ne pas pardonner, de ne pas oublier, de ne pas remettre. Et certes, il cherche à ne se mettre jamais dans son tort ; mais, s'il s'y est mis, il semble que ce qu'il puisse lui arriver de plus fâcheux, ce soit d'avoir à le reconnaître. Le Russe, tout au contraire, est toujours prêt à confesser ses torts, — et même devant ses ennemis, — toujours prêt à s'humilier, à s'accuser.

Sans doute la religion grecque orthodoxe ne fait-elle ici qu'encourager un penchant naturel, en tolérant, en approuvant même souvent la confession publique. L'idée d'une confession non point dans l'oreille d'un prêtre, mais bien d'une confession devant n'importe qui, devant tous, revient comme une obsession dans les romans de Dostoïevsky. Lorsque Raskolnikoff a avoué son crime à Sonia, dans *Crime et châtiment,* celle-ci conseille aussitôt à Raskolnikoff, comme le seul moyen de soulager son âme, de se prosterner sur la place publique et de crier à tous : « J'ai tué. » La plupart des personnages de Dostoïevsky sont pris, à certains moments, et le plus souvent d'une façon tout à fait inattendue, intempestive, du besoin de se confesser, de demander pardon à tel autre, qui parfois ne comprend même pas ce dont il s'agit ; du besoin de se mettre soi-même dans un état d'infériorité par rapport à celui à qui l'on parle.

Vous vous souvenez sans doute de cette extraordinaire scène de *l'Idiot,* durant une soirée chez Nastasia Philipovna : on propose comme passe-temps, et comme on jouerait à des charades ou à des jeux de petits papiers, que chacune des personnes présentes confesse l'action la plus vile de sa vie ; et l'admirable, c'est que la proposition n'est pas repoussée ; c'est que les uns et les autres commencent à se confesser, avec plus ou moins de sincérité, mais presque sans vergogne.

Et je sais plus curieux encore ; c'est une anecdote de la vie de Dostoïevsky lui-même. Je la tiens d'un Russe de son entourage immédiat. J'ai eu l'imprudence de la raconter à plusieurs personnes, et déjà l'on en a tiré parti ; mais, telle que je l'ai trouvée rapportée, elle devenait méconnaissable, et c'est aussi pourquoi je tiens à vous la répéter ici :

Il y a, dans la vie de Dostoïevsky, certains faits extrêmement troubles. Un, en particulier, auquel il est déjà fait allusion dans *Crime et châtiment* (t. II, p. 23) et qui semble avoir servi de thème à certain chapitre des *Possédés*, qui ne figure pas dans le livre, qui est resté inédit, même en russe, qui n'a été, je crois, publié jusqu'à présent qu'en Allemagne, dans une édition hors commerce[1]. Il y est question du viol d'une petite fille. L'enfant souillée se pend dans une pièce, tandis que dans la pièce voisine, le coupable, Stavroguine, qui sait qu'elle se pend, attend qu'elle ait fini de vivre. Quelle est dans cette sinistre histoire la part de la réalité ? C'est ce qu'il ne m'importe pas ici de savoir. Toujours est-il que Dostoïevsky, après une aventure de ce genre, éprouva ce que l'on est bien forcé d'appeler des remords. Ses remords le tourmentèrent quelque temps, et sans doute se dit-il à lui-même ce que

Sonia disait à Raskolnikoff. Le besoin le prit de se confesser, mais point seulement à un prêtre. Il chercha celui devant qui cette confession devait lui être le plus pénible ; c'était incontestablement Tourguenieff. Dostoïevsky n'avait pas revu Tourguenieff depuis longtemps, et était avec lui en fort mauvais termes. M. Tourguenieff était un homme rangé, riche, célèbre, universellement honoré. Dostoïevsky s'arma de tout son courage, peut-être céda-t-il à une sorte de vertige, à un mystérieux et terrible attrait. Figurons-nous le confortable cabinet de travail de Tourguenieff. Celui-ci à sa table de travail. — On sonne. — Un laquais annonce Theodor Dostoïevsky. — Que veut-il ? — On le fait entrer, et tout aussitôt, le voici qui commence à raconter son histoire. — Tourguenieff l'écoute avec stupeur. Qu'a-t-il à faire avec tout cela ? Sûrement, l'autre est fou ! Après qu'il a raconté, grand silence. Dostoïevsky attend de la part de Tourguenieff un mot, un signe... Sans doute croit-il que, comme dans ses romans à lui, Tourguenieff va le prendre dans ses bras, l'embrasser en pleurant, se réconcilier avec lui... mais comme rien ne vient :

— Monsieur Tourguenieff, il faut que je vous dise : « Je me méprise profondément... »

Il attend encore. Toujours le silence. Alors Dostoïevsky n'y tient plus et furieusement il ajoute :

— « Mais je vous méprise encore davantage. C'est tout ce que j'avais à vous dire... » et il sort en claquant la porte. Tourguenieff était décidément trop européanisé pour le bien comprendre.

Et nous voyons ici l'humilité faire place brusquement au sentiment opposé. L'homme que l'humilité inclinait, au contraire, l'humiliation le fait se regimber. L'humilité ouvre les portes du paradis ; l'humiliation, celles de l'enfer. L'humilité comporte une sorte de soumission volontaire ; elle est librement acceptée ; elle éprouve la vérité de la parole de l'Évangile : « Celui qui s'abaisse sera élevé. » L'humiliation, tout au contraire, avilit l'âme, la courbe, la déforme, la sèche, l'irrite, la flétrit ; elle cause une sorte de lésion morale très difficilement guérissable.

Il n'est, je crois, pas une des déformations et déviations de caractère — qui nous font paraître nombre de personnages de Dostoïevsky si inquiétants, si maladivement bizarres — qui n'ait son origine dans quelque humiliation première.

Humiliés et offensés, tel est le titre d'un de ses premiers livres, et son œuvre, toujours et tout entière, est tourmentée par cette idée que l'humiliation damne, tandis que l'humilité sanctifie. Le paradis, tel que le rêve et que nous le peint Aliocha Karamazov, c'est un monde dans lequel il n'y aura plus ni humiliés, ni offensés.

La plus étrange et la plus inquiétante figure de ces romans, le terrible Stavroguine, des *Possédés*, nous trouverons l'explication et la clé de son caractère démoniaque, si différent à première vue de tous les autres, dans quelques phrases du livre :

« Nicolas Vsevolodovitch Stavroguine, raconte un des autres personnages, menait dans ce temps, à Pétersbourg,

« une vie ironique », si l'on peut ainsi parler, je ne trouve pas d'autres termes pour la définir ; il ne faisait rien et se moquait de tout[2]. »

Et la mère de Stavroguine, à qui l'on disait cela, s'écrie un peu plus tard :

> Non, il y avait là quelque chose de plus que de l'originalité, j'oserais dire : quelque chose de sacré. Mon fils est un homme fier, dont *l'orgueil a été prématurément blessé*, et qui en est venu à mener cette vie, si justement qualifiée par vous d'ironique[3]

Et plus loin :

> Si Nicolas, poursuivit Barbara Petrovna d'un ton un peu déclamatoire, si Nicolas avait toujours eu auprès de lui un Horatio tranquille, *grand dans son humilité*, autre belle expression de vous, Stepan Trophimovitch, peut-être depuis longtemps aurait-il échappé à ce triste démon de l'ironie qui a ruiné toute son existence.

Il arrive que certains des personnages de Dostoïevsky, natures profondément viciées par l'humiliation, trouvent une sorte de plaisir, de satisfaction, dans la déchéance qu'elle entraîne, si abominable qu'elle soit.

> De ma mésaventure, — dit le héros de *l'Adolescent*, alors qu'il vient précisément d'éprouver une cruelle mortification d'amour-propre, — de ma mésaventure, éprouvais-je une rancœur bien authentique ? Je n'en jurerais pas. Dès ma prime enfance, lorsqu'on m'humiliait à vif, il me naissait aussitôt un désir incoercible de me vautrer orgueilleusement dans ma déchéance et d'aller au-devant des désirs de l'offenseur : « Ah ! vous m'avez humilié ? Eh bien ! je vais m'humilier plus encore, regardez ; admirez[4] ! »

Car, si l'humilité est un renoncement à l'orgueil, l'humiliation au contraire amène un renforcement de l'orgueil.

Écoutons encore le récit du triste héros du *Sous-sol*[5] :

Une fois, la nuit, en passant auprès d'une petite auberge, je vis par la fenêtre des joueurs de billard qui se battaient à coup de queue de billard et firent descendre l'un d'eux par la fenêtre. À un autre moment, cela m'eût écœuré ; mais j'étais dans une disposition d'esprit telle que je portai envie à l'homme qui avait été jeté par la fenêtre, et à un tel point que j'entrai dans l'auberge et pénétrai dans la salle de billard : peut-être, me dis-je, me fera-t-on descendre par la fenêtre.

Je n'étais pas ivre, mais, que voulez-vous, à quelle crise de nerfs peut vous amener l'ennui ! Mais tout se réduisit à rien. En réalité, je n'étais pas capable de sauter par la fenêtre, et je sortis sans m'être battu.

Dès les premiers pas, ce fut un officier qui me remit à ma place. Je me tenais près du billard, et, involontairement, je lui barrai le passage quand il voulut passer. Il me prit par les épaules et sans rien dire, sans avertissement ni explication, il me fit changer de place, passa et fit semblant de ne pas s'en apercevoir. J'aurais pardonné les coups, mais je ne pouvais pardonner qu'il m'eût fait changer de place sans faire attention à moi.

Ah ! diable, que n'aurais-je pas donné pour une véritable dispute ! plus régulière, plus convenable, plus littéraire, pour ainsi dire ! Il avait agi avec moi comme avec une mouche. Cet officier était d'une grande taille ; moi, j'étais petit et chétif. D'ailleurs, j'étais le maître de la querelle ; je n'aurais eu qu'à protester et certainement, on m'eût fait passer par la fenêtre. Mais je réfléchis et préférai m'effacer avec rage.

Mais si nous continuons ce récit, nous verrons bientôt l'excès de haine ne nous apparaître plus que comme un renversement de l'amour.

…Après cela, je rencontrai souvent cet officier dans la rue ; je le reconnaissais très bien. Je ne sais pas s'il me reconnaissait. Je crois que non ; certains indices me permettent de le penser. Mais moi, moi, je le regardais avec haine et colère ; et cela dura plusieurs années. Ma colère se fortifiait et grandissait d'une année à l'autre. D'abord tout doucement, je me renseignais sur mon officier. Cela m'était difficile, parce que je ne connaissais personne. Mais un jour que je le suivais de loin, *comme s'il me tenait en laisse*, quelqu'un l'appela par son nom, et j'appris ainsi comment il se nommait. Une autre fois, je le suivis jusqu'à sa demeure et je donnai dix kopecks au portier pour savoir où il restait, à quel étage, seul ou avec quelqu'un, etc. En un mot, tout ce qu'on pouvait apprendre du portier. Un matin, bien que je n'aie jamais écrit, il me vint l'idée de présenter sous forme de nouvelle la caractéristique de cet officier, en caricature. J'écrivis cette nouvelle avec délice. Je critiquais, je calomniais même. Je changeai le nom de façon que l'on ne pût le reconnaître tout de suite, mais après, ayant mûrement réfléchi, je corrigeai cela et envoyai le récit aux *Annales de la patrie*. Mais alors on ne critiquait pas et on n'imprima pas ma nouvelle. Ma contrariété en fut vive. Quelquefois la colère m'étouffait. Enfin je me décidai à provoquer mon adversaire. Je lui écrivis une lettre charmante, attrayante, le suppliant de me faire des excuses ; mais en cas de refus, je faisais des allusions assez nettes au duel. La lettre était rédigée de telle façon, que si l'officier eût compris tant soit peu le beau et l'élevé, il serait certainement venu chez moi pour me sauter au cou et m'offrir son amitié. Et comme cela eût été bien ! Nous aurions si bien vécu ensemble ! si bien[6] !

Et c'est ainsi que souvent, chez Dostoïevsky, un sentiment fait place au brusque sentiment contraire.

De cela, nous pourrions trouver maint exemple ; entre autres celui du malheureux enfant qui, dans *les Frères Karamazov*, mord haineusement le doigt d'Aliocha, quand celui-ci lui tend la main, alors même que, précisément, sans s'en rendre compte, l'enfant commence à l'aimer sauvagement.

Et d'où vient chez cet enfant une telle déviation de l'amour ? Il a vu Dmitri Karamazov, le frère d'Aliocha, alors qu'il sortait ivre d'un traktir, rosser son père et le traîner insolemment par la barbe : « Mon papa, mon petit papa. Comme il t'a humilié ! » s'écriera-t-il plus tard.

Donc, en regard de l'humilité et sur le même plan moral, si je puis dire, mais à l'autre extrémité de ce plan : l'orgueil, qu'exagère, exaspère et déforme, monstrueusement parfois, l'humiliation.

Certainement, les vérités psychologiques paraissent toujours à Dostoïevsky ce qu'elles sont en réalité : des vérités particulières. En romancier (car Dostoïevsky n'est nullement un théoricien, c'est un prospecteur), il se garde de l'induction et sait l'imprudence qu'il y aurait (pour lui du moins) à tenter de formuler des lois générales[7]. Ces lois, c'est à nous, si nous le voulons, de tenter de les dégager, comme taillant des avenues à travers le taillis de ses livres. Cette loi par exemple : que l'homme qui a été humilié cherche à humilier à son tour[8].

Malgré l'extraordinaire luxuriance de sa comédie humaine, les personnages de Dostoïevsky se groupent, s'échelonnent sur un seul plan toujours le même, celui de l'humilité et de l'orgueil ; plan qui nous désoriente et même qui ne nous apparaît pas nettement tout d'abord, pour cette seule raison, que d'ordinaire ce n'est pas dans ce sens-là que nous faisons la coupe et que nous hiérarchisons l'humanité. Je m'explique : dans les admirables romans de Dickens, par exemple, je suis parfois presque gêné, par ce que sa hiérarchie, et disons ici, pour employer le mot de Nietzsche : son *échelle des valeurs*, offre de convenu, presque d'enfantin. Il me semble, en lisant un de ses livres, avoir devant les yeux un des *Jugements derniers* de l'Angelico : il y a des élus ; il y a des damnés ; il y a des douteux, de très rares douteux, que les bons anges et les mauvais démons se disputent. La balance qui les pèse tous, comme un bas-relief égyptien, ne tient compte que de leur plus ou moins de bonté. Aux, bons, le ciel ; aux méchants, l'enfer. Dickens suit en cela l'opinion de son peuple et de son époque. Il arrive que les méchants prospèrent, que les bons soient sacrifiés : c'est la honte de cette vie terrestre et de notre société. Tous les romans tendent à nous montrer, à nous rendre sensible la précellence des qualités du cœur sur celles de l'esprit. J'ai choisi Dickens comme exemple, parce que, de tous les grands romanciers que nous connaissons, c'est chez lui, me semble-t-il, que la classification se présente de la manière la plus simple, et j'ajoute : c'est ce qui lui permet d'être si populaire.

Or, relisant dernièrement d'affilée presque tous les livres de Dostoïevsky, il m'a paru qu'une classification analogue existe chez lui ; moins apparente sans doute, encore que presque aussi simple, et qui me semble beaucoup plus significative : ce n'est point selon leur plus ou moins de bonté que l'on peut hiérarchiser (excusez ce mot affreux) ses personnages, selon les qualités de leur cœur, mais bien selon leur plus ou moins d'orgueil.

Dostoïevsky nous présente, d'une part, des humbles (et certains d'entre eux pousseront l'humilité jusqu'à l'abjection, jusqu'à se complaire dans l'abjection), d'autre part, des orgueilleux (et certains de ceux-ci pousseront l'orgueil jusqu'au crime). Ces derniers seront, d'ordinaire, les plus intellectuels. Nous les verrons, tourmentés par le démon de l'orgueil, toujours faire assaut de noblesse :

> Je parie que pendant toute la nuit, vous êtes restés à parler, assis l'un à côté de l'autre, et que vous avez perdu un temps précieux à *faire assaut de noblesse*,

dit à Stavroguine l'immonde Pierre Stépanovitch dans *les Possédés*[9], ou encore :

> Malgré la peur que lui inspire Versiloff, Katherina Nicolaïevna a toujours eu de la vénération pour la noblesse de ses principes et sa supériorité d'esprit... Dans sa lettre, il lui a donné sa parole de gentilhomme qu'elle n'avait rien à craindre. Elle a, de son côté, manifesté des sentiments non moins chevaleresques ! Il a pu y avoir entre eux *joute de courtoisie*[10].
>
> Il n'y a rien qui soit de nature à froisser votre amour-propre, dit Élisabeth Nikolaïevna à Stavroguine. Avant-hier, en rentrant chez moi, après votre réponse si chevaleresque à l'insulte publique que je vous avais faite, j'ai deviné tout de suite que, si vous me fuyiez, c'était parce que vous étiez marié, et nullement *parce que vous me méprisiez*, chose dont j'ai eu surtout peur, en ma qualité de jeune fille du monde.

Et elle achève :

> Au moins l'amour-propre est sauf[11].

Ses personnages de femmes, plus encore que les masculins, sont constamment décidés, mus, par la raison d'orgueil (voir la sœur de Raskolnikoff, Nastasia Philopovna et Aglaé Épantchine de *l'Idiot*, Elisabeth Nikholaïevna des *Possédés* et Katherina Ivanovna des *Karamazov*).

Mais, par un renversement, que j'oserais qualifier d'évangélique, les plus abjects sont plus près du royaume de Dieu que les plus nobles, tant l'œuvre de Dostoïevsky reste dominée par ces profondes vérités : « Il sera accordé aux humbles ce qui sera refusé aux puissants. » — « Je suis venu pour sauver, ce qui était perdu », etc.

D'une part, nous voyons le renoncement à soi, l'abandon de soi ; d'autre part, l'affirmation de la personnalité, la

« volonté de puissance », dans les romans de Dostoïevsky, mène toujours à la banqueroute.

M. Souday m'a naguère reproché de sacrifier Balzac à Dostoïevsky, de *l'immoler* même, je crois bien. Est-il nécessaire de protester ? Mon admiration pour Dostoïevsky est certes des plus vives mais je ne pense pourtant point qu'elle m'aveugle, et je suis prêt à reconnaître que les personnages de Balzac sont d'une diversité plus grande que ceux du romancier russe ; sa *Comédie humaine,* plus variée. Dostoïevsky atteint sans doute à des régions bien plus profondes, et touche à des points beaucoup plus importants qu'aucun autre romancier ; mais l'on peut dire que tous ses personnages sont taillés dans la même étoffe. L'orgueil et l'humilité restent les secrets ressorts de leurs actes, encore qu'en raison des dosages divers les réactions en soient diaprées.

Dans Balzac (comme du reste dans toute la société occidentale, ou française particulièrement, dont ses romans nous offrent l'image), deux facteurs entrent en jeu, qui n'ont à peu près aucun rôle dans l'œuvre de Dostoïevsky ; le premier, c'est l'intelligence ; le second, c'est la volonté.

Je ne dis pas que, dans Balzac, la volonté mène toujours l'homme vers le bien et qu'il n'y ait que des vertueux parmi ses volontaires ; mais du moins voyons-nous nombre de ses héros atteindre à la vertu par volonté et faire une carrière glorieuse à force de persévérance, d'intelligence et de résolution. Songez à ses David Séchard, Bianchon, Joseph

Brideau, Daniel d'Arthlez..., et j'en pourrais citer vingt autres.

Dans toute l'œuvre de Dostoïevsky, nous n'avons pas un seul *grand homme*. — Pourtant l'admirable père Zossima des *Karamazov*, direz-vous... Oui, c'est certainement la plus haute figure que le romancier russe ait tracée ; il domine de très haut tout le drame, et lorsque nous aurons enfin la traduction complète des *Frères Karamazov*, qu'on nous annonce, nous comprendrons mieux encore son importance. Mais nous comprendrons mieux aussi ce qui, pour Dostoïevsky, constitue sa véritable grandeur ; le père Zossima n'est pas un *grand homme* aux yeux du monde. C'est un saint, non pas un héros. Il n'atteint à la sainteté précisément qu'en abdiquant la volonté, qu'en résignant l'intelligence.

Dans l'œuvre de Dostoïevsky, tout aussi bien que dans l'Évangile, le royaume des cieux appartient aux pauvres en esprit. Chez lui, ce qui s'oppose à l'amour, ce n'est point tant la haine que la rumination du cerveau.

En regard de Balzac, si j'examine les êtres résolus que me présente Dostoïevsky, je m'aperçois soudain qu'ils sont tous des êtres terribles. Voyez Raskolnikoff, le premier sur la liste, d'abord chétif ambitieux, qui voudrait être Napoléon et qui ne parvient qu'à tuer une prêteuse sur gages et une innocente jeune fille. Voyez Stavroguine, Pierre Stépanovitch, Ivan Karamazov, le héros de *l'Adolescent*, (le seul des personnages de Dostoïevsky qui, depuis le commencement de sa vie, du moins depuis qu'il se connaît, vive avec une idée fixe : celle de devenir un Rothschild ; et, comme par dérision, il n'est pas dans tous les livres de Dostoïevsky de créature plus veule, plus à la merci de chacun). La volonté de ses héros, tout ce qu'ils ont en eux d'intelligence et de volonté, semble les précipiter vers l'enfer ; et si je cherche quel rôle joue l'intelligence dans les romans de Dostoïevsky, je m'aperçois que c'est toujours un rôle démoniaque.

Ses personnages les plus dangereux sont aussi bien les plus intellectuels.

Et je ne veux point dire seulement que la volonté et l'intelligence des personnages de Dostoïevsky ne s'exercent que pour le mal ; mais que, lors même qu'elles s'efforcent vers le bien, la vertu qu'elles atteignent est une vertu orgueilleuse et qui mène à la perdition. Les héros de Dostoïevsky n'entrent dans le royaume de Dieu qu'en résignant leur intelligence, qu'en abdiquant leur volonté personnelle, que par le renoncement à soi.

Certes, on peut dire que, dans une certaine mesure, Balzac est, lui aussi, un auteur chrétien. Mais c'est en confrontant les deux éthiques, celle du romancier russe et celle du romancier français, que nous pouvons comprendre à quel point le catholicisme du second s'écarte de la doctrine purement évangéliste de l'autre ; à quel point l'esprit catholique peut différer de l'esprit seulement chrétien. Pour ne choquer personne, disons, si vous le préférez, que la *Comédie humaine* de Balzac est née du contact de l'Évangile et de l'esprit latin ; la comédie russe de Dostoïevsky du contact de l'Évangile et du bouddhisme, de l'esprit asiatique.

Ces considérations ne sont que des préliminaires qui nous permettront de pénétrer plus avant dans l'âme de ces étranges héros, ainsi que je me propose de le faire à la leçon prochaine.

---

1. ↑ Une traduction de ce chapitre a paru depuis dans la *Nouvelle Revue française* (juin et juillet 1922). Édité depuis : *la Confession de Stavroguine* (Plon-Nourrit).
2. ↑ *Possédés*, I, p. 197.
3. ↑ *Ibid.*, p. 201.
4. ↑ *Adolescent*, p. 371.
5. ↑ *Sous-sol*, pp. 71, 72 et 73 (l'Esprit souterrain).
6. ↑ *Le Sous-sol*, p. 74 et 75.
7. ↑ « Le génie russe, dit M. de Schlœzer dans la *Nouvelle Revue française* de février 1922, et c'est une de ses caractéristiques les plus essentielles, si téméraire qu'il soit, s'appuie toujours sur le fait concret, sur la réalité vivante ; il peut se lancer ensuite dans les spéculations les plus abstraites, les plus osées, mais c'est pour revenir finalement, riche de toute la pensée acquise, à cette réalité, au fait, son point de départ et son achèvement. »
8. ↑ Tel Lebedeff dans *l'Idiot* ; voir en particulier à l'Appendice § II l'admirable chapitre où Lebedeff s'amuse à torturer le général Ivolguine.
9. ↑ *Les Possédés*, I, p. 227.
10. ↑ *L'Adolescent*, p. 557.
11. ↑ *Possédés*, II, p. 218.

III

Nous n'avons guère fait jusqu'à présent que déblayer le terrain. Devant que d'aborder les idées de Dostoïevsky, je voudrais vous mettre en garde contre une grave erreur. Dans les quinze dernières années de sa vie, Dostoïevsky s'est occupé beaucoup de la rédaction d'une revue. Les articles qu'il écrivit pour cette revue ont été réunis dans ce qu'on appelle *Journal d'un écrivain*. Dostoïevsky, dans ses articles, expose ses idées. Il serait, semble-t-il, bien simple et bien naturel de se reporter sans cesse à ce livre : mais autant vous le dire tout de suite, ce livre est profondément décevant. Nous y trouvons l'exposé de théories sociales : elles demeurent fumeuses, et sont des plus maladroitement exprimées. Nous y trouvons des prédictions politiques : aucune d'elles ne s'est réalisée. Dostoïevsky cherche à prévoir l'état futur de l'Europe et se trompe presque constamment.

M. Souday, qui consacrait naguère à Dostoïevsky une de ses chroniques du *Temps*, se plaît à relever ses erreurs. Il ne consent à voir dans ces articles que du journalisme du type courant, ce que je suis tout prêt à lui accorder ; mais je proteste lorsqu'il ajoute que ces articles nous renseignent à merveille sur les idées de Dostoïevsky. À vrai dire, les problèmes que Dostoïevsky traite dans le *Journal d'un écrivain* ne sont pas ceux qui l'intéressent le plus ; les questions politiques, il faut le reconnaître, lui paraissent moins importantes que les questions sociales ; les questions sociales moins importantes, beaucoup moins importantes, que les questions morales et individuelles. Les vérités les plus profondes et les plus rares que nous pouvons attendre de lui sont d'ordre psychologique ; et j'ajoute que, dans ce domaine, les idées qu'il soulève restent le plus souvent à l'état de problèmes, à l'état de questions. Il ne cherche point tant une solution qu'un exposé, — qu'un exposé de ces questions précisément qui, parce qu'elles sont extrêmement complexes et qu'elles se mêlent et s'entre-croisent, demeurent le plus souvent à l'état trouble. Enfin, pour tout dire, Dostoïevsky n'est pas à proprement parler un penseur ; c'est un romancier. Ses idées les plus chères, les plus subtiles, les plus neuves, nous les devons chercher dans les propos de ces personnages, et non point même toujours de ses personnages de premier plan : il arrive souvent que les idées les plus importantes, les plus hardies, ce soit à des personnages d'arrière-plan qu'il les prête. Dostoïevsky est on ne peut plus maladroit dès qu'il s'exprime en son nom propre. On pourrait lui appliquer à lui-même cette phrase qu'il prête à Versiloff dans son *Adolescent* :

<blockquote>Développer[1] ? non j'aime mieux sans développement. Et n'est-ce pas curieux : presque toujours quand il m'est arrivé de développer une idée en quoi je crois, l'exposé n'est pas terminé que ma foi a déjà faibli[2].</blockquote>

L'on peut même dire qu'il est rare que Dostoïevsky ne se retourne pas contre sa propre pensée, aussitôt après l'avoir exprimée. Il semble qu'elle exhale aussitôt pour lui cette puanteur des choses mortes, semblable à celle qui se dégageait du cadavre du starets Zossima, alors précisément qu'on attendait de lui des miracles, — et qui rendait si pénible pour son disciple, Aliocha Karamazov, la veillée mortuaire.

Évidemment, pour un « penseur », voici qui serait assez fâcheux. Ses idées ne sont presque jamais absolues ; elles restent presque toujours relatives aux personnages qui les expriment, et je dirai plus : non seulement relatives à ces personnages, mais à un moment précis de la vie de ces personnages ; elles sont pour ainsi dire *obtenues* par un état particulier et momentané de ces personnages ; elles restent relatives ; en relation et fonction directe avec le fait ou tel geste qu'elles nécessitent ou qui les nécessite. Dès que Dostoïevsky théorise, il nous déçoit. Ainsi, même dans son article sur le mensonge, lui qui est d'une si prodigieuse habileté pour mettre en scène des types de menteurs (et combien différents de celui de Corneille), et qui sait nous faire comprendre à travers eux ce qui peut pousser le menteur à mentir, dès qu'il veut nous expliquer tout cela, dès qu'il entreprend la théorie de ses exemples, il devient plat, et fort peu intéressant.

À quel point Dostoïevsky est romancier, ce *Journal d'un écrivain* nous le montrera ; car s'il reste assez médiocre dans les articles théoriques et critiques, il devient excellent aussitôt que quelque personnage entre en scène. C'est en effet dans ce journal que nous trouverons le beau récit du *moujik Krotckaia,* une des œuvres les plus puissantes de Dostoïevsky, sorte de roman qui n'est à proprement parler qu'un long monologue, comme celui de *l'Esprit souterrain* qu'il écrivit à peu près à la même époque.

Mais il y a mieux que cela — je veux dire plus révélateur : dans le *Journal d'un écrivain,* Dostoïevsky nous permet, à deux reprises, d'assister au travail d'affabulation, presque involontaire, presque inconscient ce son esprit.

Après nous avoir parlé du plaisir qu'il avait à regarder les promeneurs dans la rue, et parfois à les suivre, nous le voyons s'attacher soudain à l'un de ces passants rencontrés :

> Je remarque un ouvrier qui va sans femme à son bras. Mais il a un enfant avec lui, un petit garçon. Tous deux ont la mine triste des isolés. L'ouvrier a une trentaine d'années ; son visage est fané, d'un teint malsain. Il est endimanché, porte une redingote usée aux coutures et garnie de boutons dont l'étoffe s'en va ; le collet du vêtement est gras, le pantalon mieux nettoyé semble pourtant sortir de chez le fripier ; le chapeau haut de forme est très râpé. Cet ouvrier me fait l'effet d'un typographe. L'expression de sa figure est sombre, dure, presque méchante. Il tient l'enfant par la main, et le petit se fait un peu traîner. C'est un mioche de deux ans ou de guère plus, très pâle, très chétif, paré d'un veston, de petites bottes à tiges rouges et d'un chapeau qu'embellit une plume de paon. Il est fatigué. Le père lui dit quelque chose, se moque peut-être de son manque de jarret. Le petit ne répond pas et cinq pas plus loin, son père se baisse, le prend dans ses bras et le porte. Il semble content, le gamin, et enlace le cou de son père. Une fois juché ainsi, il m'aperçoit et me regarde avec une curiosité étonnée. Je lui fais un petit signe de tête, mais il fronce les sourcils et se cramponne plus fort au cou de son père. Ils doivent être de grands amis tous deux.
>
> Dans les rues, j'aime à observer les passants ; à examiner leurs visages inconnus, à chercher qui ils peuvent bien être, à m'imaginer comment ils vivent, ce qui peut les intéresser dans l'existence. Ce jour-là, j'ai été préoccupé surtout

de ce père et de cet enfant. Je me suis figuré que la femme, la mère était morte depuis peu, que le veuf travaillait à son atelier toute Fa semaine, tandis que l'enfant restait abandonné aux soins de quelque vieille femme. Ils doivent loger dans un sous-sol où l'homme loue une petite chambre, peut-être seulement un coin de chambre. Et, aujourd'hui dimanche, le père a conduit le petit chez une parente, chez la sœur de la morte probablement. Je veux que cette tante qu'on ne va pas voir très souvent soit mariée à un sous-officier et habite une grande caserne dans le sous-sol, mais dans une chambre à part. Elle a pleuré sa défunte sœur, mais pas bien longtemps. Le veuf n'a pas montré non plus grande douleur, pendant la visite tout au moins. Toutefois, il est demeuré soucieux, parlant peu et seulement de questions d'intérêt. Bientôt il se sera tu ! On aura alors apporté le samovar ; on aura pris le thé. Le petit sera resté sur un banc, dans un coin, faisant sa moue sauvage, fronçant les sourcils, et, à la fin, se sera endormi. La tante et son mari n'auront pas fait grande attention à lui ; on lui aura donné un morceau de pain et une tasse de lait. L'officier muet tout d'abord, lâchait à un moment donné une grosse plaisanterie de soudard au sujet du gamin que son père réprimandait précisément. Le mioche aura voulu repartir tout de suite, et le père l'aura ramené à la maison de Veborgskaia à Litienaia.

Demain le père sera de nouveau à l'atelier et le moutard avec la vieille femme[3].

À un autre endroit du même livre, nous lisons le récit de la rencontre qu'il fit d'une centenaire. Il la voit en passant dans la rue, assise sur un banc. Il lui parle, et puis passe outre. Mais le soir « après avoir fini son travail », il repense à cette vieille, il imagine son retour chez elle auprès des siens, les propos de ceux-ci à la vieille. Il raconte sa mort. « J'ai plaisir à imaginer la fin de l'histoire. D'ailleurs, je suis un romancier. J'aime à raconter des histoires. »

Du reste, Dostoïevsky n'invente jamais au hasard. Dans un des articles de ce même *Journal*, à propos du procès de la veuve Kornilov, il reconstitue et recompose le roman à sa façon, mais il peut écrire ensuite, après que l'enquête judiciaire a jeté pleine lumière sur le crime : « J'ai presque tout deviné », et il ajoute : « Une circonstance me permit d'aller voir la Kornilova. Je fus surpris de voir comme mes suppositions s'étaient trouvées presque conformes avec la réalité. Je m'étais certes trompé sur quelques détails : ainsi Kornilov, bien que paysan, s'habillait à l'européenne, etc. », et Dostoïevsky conclut : « Somme toute, mes erreurs ont été de peu d'importance. Le fond de mes suppositions demeure vrai[4]. »

Avec de tels dons d'observateur, d'affabulateur et de reconstructeur du réel, si l'on y joint les qualités de sensibilité, l'on peut faire un Gogol, un Dickens (et peut-être vous souvenez-vous du début du *Magasin d'antiquités*, où Dickens, lui aussi s'occupe à suivre les passants, les observant, et, après qu'il les a quittés, continuant d'imaginer leur vie) ; mais ces dons, si prodigieux soient-ils, ne suffisent ni pour un Balzac, ni pour un Thomas Hardy, ni pour un Dostoïevsky. Ils ne suffiraient certainement pas à faire écrire à Nietzsche :

> La découverte de Dostoïevsky a été pour moi plus importante encore que celle de Stendhal ; il est le seul qui m'ait appris quelque chose en psychologie.

J'ai copié de Nietzsche, il y a bien longtemps déjà, cette page que je vais vous lire. Nietzsche, en l'écrivant, n'avait-il pas en vue ce qui précisément fait la plus particulière valeur du grand romancier russe, ce par quoi il s'oppose à nombre de nos romanciers modernes, aux Goncourt, par exemple, que Nietzsche semble ici désigner :

> Morale pour psychologues : ne point faire de psychologie de colportage ! Ne jamais observer pour observer ! C'est ce qui donne une fausse optique, un « tiquage », quelque chose de forcé qui exagère volontiers. Vivre quelque chose

pour vouloir le vivre, — cela ne réussit pas. Il n'est pas permis pendant l'événement de regarder vers soi ; tout coup d'œil se change là en « mauvais œil ». Un psychologue de naissance se garde par instinct de regarder pour voir : il en est de même pour le peintre de naissance. Il ne travaille jamais d'après la nature, — il s'en remet à son inspiration, à sa *chambre obscure*, pour tamiser, pour exprimer le « cas », la « nature », la « chose vécue »… Il n'a conscience que de la *généralité*, de la conclusion, de la résultante : il ne connaît pas ces déductions arbitraires du cas particulier. Quel résultat obtient-on lorsqu'on s'y prend autrement ? Par exemple, lorsque, à la façon des romanciers parisiens, on fait de la grande psychologie de colportage ? On épie en quelque sorte la réalité, on rapporte tous les soirs une poignée de curiosités. Mais regardez donc ce qui en résulte…, etc.[5].

Dostoïevsky n'observe jamais pour observer. L'œuvre chez lui ne naît point de l'observation du réel ; ou du moins elle ne naît pas rien que de cela. Elle ne naît point non plus d'une idée préconçue, et c'est pourquoi elle n'est en rien théorique, mais reste immergée dans le réel ; elle naît d'une rencontre de l'idée et du fait, de la confusion (du *blending*, diraient les Anglais) de l'un et de l'autre, si parfaite que jamais l'on ne peut dire qu'aucun des deux éléments l'emporte, — de sorte que les scènes les plus réalistes de ses romans sont aussi les plus chargées de signification psychologique et morale ; plus exactement, chaque œuvre de Dostoïevsky est le produit d'une fécondation du fait par l'idée. « L'idée de ce roman existe en moi depuis trois ans », écrit-il en 1870 (il s'agit ici des *Frères Karamazov* qu'il n'écrivit que neuf ans plus tard), et dans une autre lettre :

> La question principale qui sera poursuivie dans toutes les parties de ce livre est celle même dont j'ai souffert consciemment ou inconsciemment toute ma vie : l'existence de Dieu !

Mais cette idée reste flottante dans son cerveau aussi longtemps qu'elle ne rencontre pas le fait divers (en l'espèce une cause célèbre, un procès de justice criminelle) qui la vienne féconder ; c'est alors seulement qu'on peut dire que l'œuvre est conçue. « Ce que j'écris est une chose tendancieuse », dira-t-il dans cette même lettre, en parlant des *Possédés* qu'il mûrit en même temps que les *Karamazov*. Le roman des *Karamazov* lui aussi est une œuvre tendancieuse. Certes, rien n'est moins gratuit — au sens que l'on donne aujourd'hui à ce mot — que l'œuvre de Dostoïevsky. Chacun de ses romans est une sorte de démonstration ; l'on pourrait dire un plaidoyer, — ou mieux encore une prédication. Et si l'on osait reprocher quelque chose à cet admirable artiste, ce serait peut-être d'avoir voulu trop *prouver*. Entendons-nous : Dostoïevsky ne cherche jamais à incliner notre opinion. Il cherche à l'éclairer ; à rendre manifeste certaines vérités secrètes qui, lui, l'éblouissent, qui lui paraissent — qui nous paraîtront bientôt aussi — de la plus haute importance ; les plus importantes sans doute que l'esprit de l'homme puisse atteindre, — non des vérités d'ordre abstrait, non des vérités en dehors de l'homme, mais bien des vérités d'ordre intime, des vérités secrètes. D'autre part, et c'est là ce qui préserve ses œuvres de toutes les déformations tendancieuses, ces vérités, ces idées de Dostoïevsky restent toujours soumises au fait, profondément engagées dans le réel. Il garde, vis-à-vis de la réalité humaine, une attitude humble, soumise ; il ne force jamais ; il n'incline jamais à lui l'événement ; il semble qu'il applique à sa pensée même le précepte de l'Évangile : « Qui la veut sauver la perdra ; qui la renonce la rend vraiment vivante. »

Avant de chercher à poursuivre quelques-unes des idées de Dostoïevsky a travers ses livres, je voudrais vous parler de sa méthode de travail. Strakhov nous raconte que Dostoïevsky travaillait presque exclusivement la nuit : « Vers minuit, dit-il, lorsque tout entrait dans le repos, Theodor Michaïlovitch Dostoïevsky restait seul avec son samovar ; et, tout en buvant à petits traits un thé froid et pas trop fort, il poussait son travail jusqu'à cinq et six heures du matin. Il se levait vers deux ou trois heures après midi, passait la fin du jour à recevoir des hôtes, à se promener ou à rendre visite à des amis. » Dostoïevsky ne sut pas toujours se contenter de ce thé « pas trop fort » ; il se laissa aller, dans les derrières années de sa vie, à boire beaucoup d'alcool, nous dit-on. Certain jour, m'a-t-on raconté, Dostoïevsky sortait de son cabinet de travail où il écrivait *les Possédés*, dans un état de grande excitation intellectuelle, quelque peu artificiellement obtenu. C'était le jour de réception de Mme Dostoïevsky. Theodor Michaïlovitch, hagard, fit inopinément irruption dans le salon où nombre de dames étaient rassemblées ; et comme l'une d'elles, pleine de zèle, s'empressait, une tasse de thé à la main : « Que le diable vous emporte avec toutes vos lavasses ! », s'écria-t-il…

Vous vous souvenez de la petite phrase de l'abbé de Saint-Réal, — phrase qui pourrait bien paraître stupide si Stendhal ne s'en était pas emparé pour abriter son esthétique : « Un roman, c'est un miroir qu'on promène le long d'un chemin. » Certes, il y a en France et en Angleterre quantité de romans qui relèvent de cette formule : romans de Lesage, de Voltaire, de Fielding, de Smollet... Mais rien n'est plus éloigné de cette formule qu'un roman de Dostoïevsky. Il y a entre un roman de Dostoïevsky et les romans de ceux que je citais, et les romans de Tolstoï lui-même ou de Stendhal, toute la différence qu'il peut y avoir entre un tableau et un panorama. Dostoïevsky compose *un tableau* où ce qui importe surtout et d'abord, c'est la répartition de la lumière. Elle émane d'un seul foyer... Dans un roman de Stendhal, de Tolstoï, la lumière est constante, égale, diffuse ; tous les objets sont éclairés d'une même façon, on les voit également de tous côtés ; ils n'ont point d'ombre. Or, ce qui importe surtout, dans un livre de Dostoïevsky, tout comme dans un tableau de Rembrandt, c'est l'ombre. Dostoïevsky groupe ses personnages et ses événements, et projette sur eux une intense lumière, de manière qu'elle ne les frappe que d'un seul côté. Chacun de ses personnages baigne dans l'ombre. Nous remarquons aussi chez Dostoïevsky un singulier besoin de grouper, de concentrer, de centraliser, de créer entre tous les éléments du roman le plus de relations et de réciprocité possibles. Les événements, chez lui, au lieu de suivre un cours lent et égal, comme dans Stendhal ou Tolstoï, il y a toujours un moment où ils se mêlent et se nouent dans une sorte de vortex ; ce sont des tourbillons où les éléments du récit — moraux, psychologiques et extérieurs — se perdent et se retrouvent. Nous ne voyons chez lui aucune simplification, aucun épurement de la ligne. Il se plaît dans la complexité ; il la protège. Jamais les sentiments, les pensées, les passions ne se présentent à l'état pur. Il ne fait pas le vide autour. Et j'en arrive ici à une remarque sur le dessin de Dostoïevsky, sur sa façon de dessiner les caractères de ses personnages ; mais permettez-moi tout d'abord de vous lire, à ce sujet, ces remarquables observations de Jacques Rivière :

> L'idée d'un personnage étant donnée dans son esprit, il y a, pour le romancier, deux manières bien différentes de la mettre en œuvre : ou il peut insister sur sa complexité, ou il peut souligner sa cohérence ; dans cette âme qu'il va engendrer, ou bien il peut vouloir produire toute l'obscurité, ou bien il peut vouloir la supprimer pour le lecteur en la dépeignant ; ou bien il réservera ses cavernes, ou bien il les exposera[6].

Vous voyez quelle est l'idée de Jacques Rivière : c'est que l'école française explore les cavernes, tandis que certains romanciers étrangers, comme Dostoïevsky en particulier, respectent et protègent leurs ténèbres.

> En tout cas, continue Rivière, Dostoïevsky s'intéresse avant tout à leurs abimes, et c'est à suggérer ceux-ci le plus insondables possible qu'il met tous ses soins[6].

. . . .

> Nous, au contraire, placés en face de la complexité d'une âme, à mesure que nous cherchons à la représenter, d'instinct nous cherchons à l'organiser[6].

Cela est déjà très grave ; mais il ajoute encore :

> Au besoin, nous donnons un coup de pouce ; nous supprimons quelques petits traits divergents, nous interprétons quelques détails obscurs dans le sens le plus favorable à la constitution d'une unité psychologique.

. . . .

> Une parfaite obturation des abîmes, tel est l'état auquel nous tendons.

Je ne suis pas à ce point convaincu que dans Balzac, par exemple, nous ne trouvions pas quelques « abîmes », de l'abrupt, de l'inexplicable je ne suis pas non plus parfaitement convaincu que les abîmes de Dostoïevsky soient toujours aussi peu expliqués que l'on croit d'abord. Vous donnerai-je un exemple d'abîme chez Balzac ? Je le trouve dans la *Recherche de l'absolu*. Balthazar Claës recherche la pierre philosophale ; il a complètement oublié, en apparence, toute la formation religieuse de son enfance. Sa recherche l'occupe exclusivement. Il délaisse sa femme, la pieuse Joséphine, qui s'épouvante de la libre pensée de son mari. Certain jour, elle entre brusquement dans le laboratoire. Le courant d'air de la porte détermine une explosion. Mme Claës tombe évanouie... Quel est le cri qui s'échappe des lèvres de Balthazar ? Un cri où reparaît soudain la croyance de sa première enfance, en dépit des alluvions de sa pensée : « Dieu soit loué, tu existes ! les saints t'ont préservée de la mort. » Balzac n'insiste pas. Et certainement, sur vingt personnes qui liront ce livre, dix-neuf ne remarqueront même pas cette faille. L'abîme qu'elle nous laisse entrevoir reste inexpliqué, sinon inexplicable. En réalité, cela n'intéressait pas Balzac. Ce qui lui importe, c'est d'obtenir des personnages conséquents avec eux-mêmes — c'est en quoi il est d'accord avec le sentiment de la race française, car ce dont nous, Français, avons le plus besoin, c'est de logique.

Aussi bien dirai-je que, non seulement les personnages de sa *Comédie humaine*, mais ceux aussi de la comédie réelle que nous vivons, se dessinent — que nous tous Français, tant que nous sommes, nous nous dessinons nous-mêmes — selon un idéal balzacien. Les inconséquences de notre nature, si tant est qu'il y en ait, nous apparaissent gênantes, ridicules. Nous les renions. Nous nous efforçons de n'en pas tenir compte, de les réduire. Chacun de nous a conscience de son unité, de sa continuité, et tout ce qui reste en nous de refoulé, d'inconscient, semblable au sentiment que nous voyons reparaître soudain chez Claës, si nous ne pouvons pas précisément le supprimer, du moins cessons-nous d'y attacher de l'importance. Nous agissons sans cesse comme nous estimons que l'être que nous sommes, que nous croyons être, doit agir. La plupart de nos actions nous sont dictées non point par le plaisir que nous prenons à les faire, mais par un besoin d'imitation de nous-mêmes, et de projeter dans l'avenir notre passé. Nous sacrifions la vérité (c'est-à-dire la sincérité) à la continuité, à la pureté de la ligne.

En regard de cela, que nous présente Dostoïevsky ? Des personnages qui, sans aucun souci de demeurer conséquents avec eux-mêmes, cèdent complaisamment à toutes les contradictions, toutes les négations dont leur nature propre est capable. Il semble que ce soit là ce qui intéresse le plus

Dostoïevsky : l'inconséquence. Bien loin de la cacher, il la fait sans cesse ressortir ; il l'éclaire.

Il y a sans doute chez lui beaucoup d'inexpliqué. Je ne crois pas qu'il y ait beaucoup d'inexplicable dès que nous admettons dans l'homme, ainsi que Dostoïevsky nous y invite, la cohabitation de sentiments contradictoires. Cette cohabitation paraît souvent chez Dostoïevsky d'autant plus paradoxale que les sentiments de ses personnages sont poussés à bout, exagérés jusqu'à l'absurde.

Je crois qu'il est bon ici d'insister, car vous allez peut-être penser : nous connaissons cela ; il n'y a là rien d'autre que la lutte entre la passion et le devoir, telle qu'elle nous apparaît dans Corneille. Il ne s'agit pas de cela. Le héros français, tel que nous le peint Corneille, projette devant lui un modèle idéal, qui est lui-même encore, mais lui-même tel qu'il se souhaite, tel qu'il s'efforce d'être, — non point tel qu'il est naturellement, tel qu'il serait s'il s'abandonnait à lui-même. La lutte intime que nous peint Corneille, c'est celle qui se livre entre l'être idéal, l'être modèle et l'être naturel que le héros s'efforce de renier. Somme toute, nous ne sommes pas très loin ici, me semble-t-il, de ce que M. Jules de Gaultier appellera le *bovarysme* — nom qu'il donne, d'après l'héroïne de Flaubert, à cette tendance qu'ont certains à doubler leur vie d'une vie imaginaire, à cesser d'être qui l'on est, pour devenir qui l'on croit être, qui l'on veut être.

Chaque héros, chaque homme, qui ne vit pas à l'abandon, mais s'efforce vers un idéal, qui tend à se conformer à cet idéal, nous offre un exemple de ce dédoublement, de ce *bovarysme*.

Ceux que nous voyons dans les romans de Dostoïevsky, les exemples de dualité qu'il nous propose, restent très différents ; n'ont rien à voir non plus, ou que très peu, avec ces cas pathologiques, assez fréquemment observés, où une personnalité seconde, entée sur la personnalité première, alterne avec elle : deux groupements de sensations, d'associations de souvenirs se forment, l'un à l'insu de l'autre ; bientôt, nous avons deux personnalités distinctes, deux hôtesses du même corps. Elles se cèdent la place et se succèdent l'une à l'autre, tour à tour, en s'ignorant (ce dont Stevenson nous donne une extraordinaire illustration dans son admirable conte fantastique : *le Double Cas du docteur Jekyll*.)

Mais, dans Dostoïevsky, le déconcertant, c'est la simultanéité de tout cela et la conscience que garde chaque personnage de ses inconséquences, de sa dualité.

Il advient que tel de ses héros, en proie à l'émotion la plus vive, doute s'il la doit à la haine ou à l'amour. Les deux sentiments opposés se mêlent en lui et se confondent.

<small>Tout à coup Raskolnikoff crut s'apercevoir qu'il détestait Sonia. Surpris, effrayé même d'une découverte si étrange, il releva soudain la tête et considéra attentivement la jeune fille. La haine disparut aussitôt de son cœur. Ce n'était pas cela. Il s'était trompé sur la nature du sentiment qu'il éprouvait[7].</small>

De cette mésinterprétation du sentiment par l'individu qui l'éprouve, nous trouverions quelques exemples également dans Marivaux ou dans Racine.

Parfois, l'un de ces sentiments s'épuise par son exagération même ; il semble que l'expression de ce sentiment en décontenance celui qui l'exprime. Il n'y a pas encore là dualité de sentiments ; mais voici qui est plus particulier. Écoutons Versiloff, le père de *l'Adolescent* :

> Si encore j'étais une nullité et si je souffrais de cela... Mais non ; je sais que je suis infiniment fort. Et en quoi réside ma force ? demanderas-tu, — précisément en une extraordinaire adaptation à tous et à tout, faculté que les Russes intelligents de ma génération possèdent à un haut degré. Rien ne me supprime ; rien ne me diminue ; rien ne m'étonne. J'ai la vitalité opiniâtre du chien de garde ; j'abrite en moi, avec une parfaite aisance, en même temps deux sentiments contraires, et cela sans le chercher, naturellement[8].

« Je ne me charge pas d'expliquer cette coexistence de sentiments contraires », dit expressément le chroniqueur des *Possédés* et écoutons encore Versiloff :

> J'ai le cœur plein de paroles et je ne sais pas les dire. Il me semble que je *me partage en deux*. — Il nous examina tous avec un visage très sérieux et une sincérité convaincante. — Oui, vraiment, je me partage en deux, et de cela j'ai véritablement peur. C'est comme si votre sosie se tenait à côté de vous. Vous-même, vous êtes intelligent et raisonnable et l'autre veut absolument commettre quelque absurdité. Soudain, vous remarquez que c'est vous-même qui voulez la commettre. Vous voulez sans le vouloir, en résistant de toutes vos forces. Je connaissais autrefois un médecin qui, à l'enterrement de son père, à l'église, se mit tout à coup à siffler. — Si je ne suis pas venu aujourd'hui à l'enterrement, c'est parce que j'étais convaincu que je sifflerais ou rirais comme ce malheureux médecin qui a du reste fini assez mal[9] ;

et Stavroguine, l'étrange héros des *Possédés*, nous dira :

> Je puis, comme je l'ai toujours pu, éprouver le désir de faire une bonne action, et j'en ressens du plaisir. À côté de cela, je désire aussi faire du mal et j'en ressens également de la satisfaction[10].

À la faveur de quelques phrases de William Blake, je tenterai de jeter quelque lumière sur ces apparentes contradictions, et en particulier sur cette étrange déclaration de Stavroguine. Mais je réserve cet essai d'explication pour un peu plus tard.

---

1. ↑ Dans la traduction allemande, *begrunden*.
2. ↑ *Un adolescent*, p. 240.
3. ↑ *Journal d'un écrivain*, pp. 99 et 100.
4. ↑ *Journal d'un écrivain*, pp. 294 et suiv., 450-451. (*Une affaire simple, mais compliquée.*)
5. ↑ *Mercure*, août 1898, p. 371.
6. ↑ a, b et c *Nouvelle Revue française*, 1er février 1922.
7. ↑ *Crime et châtiment*, II, p. 152.
8. ↑ *L'Adolescent*, p. 232. (Mais la citation que voici, je la fais d'après la traduction allemande, plus complète. (V. également Appendice § I.)
9. ↑ *Adolescent*, p. 552. Et encore : « Versiloff ne tendait vers aucun but défini. Une bourrasque de sentiments contraires désemparait sa raison. Je ne crois pas en l'espèce à un cas de folie proprement dite, — d'autant moins qu'aujourd'hui, il n'est nullement fou. Mais le « sosie » je l'admets, et le livre récent d'un spécialiste me confirme dans cette manière de voir... Le « sosie » marque le premier degré d'un grave dérangement d'esprit qui peut mener à une fin assez lamentable » (*Adolescent*, p. 607). Mais ici nous rejoignons les cas de clinique dont je parlais plus haut.
10. ↑ *Possédés*, II, 47. « Il y a dans tout homme, à toute heure, deux postulations simultanées, l'une vers Dieu, l'autre vers Satan », lisons-nous également dans Baudelaire (*Journaux intimes*, p. 57).

IV

Nous avons constaté dans notre dernière causerie l'inquiétante dualité qui animait et écartelait la plupart des personnages de Dostoïevsky, cette dualité qui fait dire à l'ami de Raskolnikoff, parlant du héros de *Crime et châtiment* :

> On dirait vraiment qu'il y a en lui deux caractères opposés qui se manifestent tour à tour.

et si ces caractères ne se manifestaient jamais que tour à tour, tout irait encore bien, mais nous avons vu qu'il leur arrivait souvent de se manifester simultanément. Nous avons vu comment chacune de ces velléités contradictoires s'épuise et pour ainsi dire se déprécie, se décontenance par son expression même et par sa manifestation, pour laisser place précisément à la velléité contraire ; et jamais le héros n'est plus près de l'amour que lorsqu'il vient d'exagérer sa haine, et jamais plus près de la haine que lorsqu'il vient d'exagérer son amour.

Nous découvrons en chacun d'eux, et surtout dans les caractères de femmes, un inquiet pressentiment de son inconstance. La crainte de ne pouvoir maintenir longtemps en eux la même humeur et la même résolution les pousse souvent à une brusquerie d'action déconcertante.

Sachant depuis longtemps, dit la Lisa des *Possédés*, que mes résolutions ne durent pas plus d'une minute, je me suis décidée tout de suite[1].

Je me propose d'étudier aujourd'hui quelques conséquences de cette étrange dualité ; mais tout d'abord je voudrais me demander avec vous, si cette dualité existe en fait ou si seulement Dostoïevsky l'imagine ? La réalité lui fournit-elle des exemples de cela ? Observa-t-il en cela la nature, ou céda-t-il complaisamment à son imagination ?

« La nature imite ce que l'œuvre d'art lui propose », dit Oscar Wilde dans *Intentions*. Cet apparent paradoxe, il s'amuse à l'illustrer par quelques insinuations spécieuses :

« Vous avez remarqué, dit-il en substance, combien, depuis quelque temps, la nature s'est mise à ressembler aux paysages de Corot. »

Que veut-il dire, sinon ceci : que nous voyons d'ordinaire la nature d'une manière devenue conventionnelle, que nous ne reconnaissons dans la nature que ce que l'œuvre d'art nous a appris à y remarquer. Dès qu'un peintre tente, dans son œuvre, de traduire et d'exprimer une vision personnelle, cet aspect nouveau de la nature il nous propose nous paraît paradoxal d'abord, insincère et presque monstrueux. Puis, bientôt, nous nous accoutumons à regarder la nature comme en faveur de cette nouvelle œuvre d'art, et nous y reconnaissons ce que le peintre nous montrait. C'est ainsi que, pour l'œil nouvellement et différemment averti, la nature semble « imiter » l'œuvre d'art.

Ce que je dis ici pour la peinture est également vrai pour le roman et pour les paysages intérieurs de la psychologie.

Nous vivons sur des données admises, et prenons vite cette habitude de voir le monde, non point tant comme il est vraiment, mais comme on nous a dit, comme on nous a persuadés qu'il était. Combien de maladies semblaient n'exister point tant qu'on ne les avait pas dénoncées ! Combien d'états bizarres, pathologiques, anormaux ne reconnaîtrons-nous pas, autour de nous ou en nous-mêmes, avertis par la lecture des œuvres de Dostoïevsky ? Oui, vraiment, je crois que Dostoïevsky nous ouvre les yeux sur certains phénomènes, qui peut-être ne sont même pas rares — mais que simplement nous n'avions pas su remarquer.

En face de la complexité que presque chaque être humain présente, le regard tend spontanément et presque inconsciemment à la simplification.

Tel est l'effort instinctif du romancier français : il dégage du caractère les données principales, s'ingénie à discerner dans une figure des lignes nettes, à en offrir un tracé continu. Que ce soit Balzac ou tel autre, le désir, le besoin de stylisation l'emporte... Mais, je crois que ce serait se tromper beaucoup — et je crains que nombre d'étrangers ne commettent cette erreur — de discréditer et mépriser la psychologie de la littérature française, précisément à cause de la netteté des contours qu'elle présente, de l'absence de vague, du défaut d'ombre...

Rappelons ici que Nietzsche, avec une perspicacité singulière, reconnaissait et proclamait au contraire l'extraordinaire supériorité des psychologues français, au point de les considérer, et plus encore les moralistes que les romanciers, comme les grands maîtres de toute l'Europe. Il est vrai que nous avons eu au dix-huitième et au dix-neuvième siècle des analystes incomparables (je songe surtout à nos moralistes). Je ne suis pas parfaitement sûr que nos romanciers d'aujourd'hui les vaillent ; car nous avons une fâcheuse tendance en France à nous en tenir à la formule, — qui vite devient procédé, — à nous reposer sur elle, sans plus chercher à passer outre.

J'ai déjà noté par ailleurs que La Rochefoucauld, tout en rendant un service extraordinaire à la psychologie, l'avait peut-être, en raison même de la perfection de ses maximes, quelque peu arrêtée. Je m'excuse de me citer moi-même, mais il me serait difficile aujourd'hui de dire, mieux que je ne le faisais alors, ce que j'écrivais en 1910[2] :

> Le jour où La Rochefoucauld s'avisa de ramener et réduire aux incitations de l'amour-propre les mouvements de notre cœur, je doute s'il fit tant preuve d'une perspicacité singulière ou plutôt s'il n'arrêta pas l'effort d'une plus pertinente investigation. Une fois la formule trouvée, l'on s'y tint, et durant deux siècles et plus, on vécut avec cette explication. Le psychologue parut le plus averti, qui se montrait le plus sceptique et qui, devant les gestes les plus nobles, les plus exténuants, savait le mieux dénoncer le ressort secret de l'égoïsme. Grâce à quoi tout ce qu'il y a de contradictoire dans l'âme humaine lui échappe. Et, je ne reproche pas à La Rochefoucauld de dénoncer « l'amour-propre », je lui reproche de s'en tenir là ; je lui reproche de croire qu'il a tout fait, quand il a dénoncé l'amour-propre. Je reproche surtout à ceux qui l'ont suivi de s'en être tenus là.

Nous trouvons dans toute la littérature française une horreur de l'informe, qui va jusqu'à une certaine gêne devant ce qui n'est pas encore formé. Et c'est ainsi que je m'explique le peu de place que tient l'enfant dans le roman français, comparativement à celle qu'il tient dans le roman anglais, et même dans la littérature russe. On ne rencontre presque pas d'enfants dans nos romans, et ceux que nos romanciers, bien rarement, nous présentent, sont le plus souvent conventionnels, gauches, inintéressants.

Dans l'œuvre de Dostoïevsky, au contraire, les enfants abondent ; même il est à remarquer que la plupart de ses personnages, et des plus importants, sont des êtres encore jeunes, à peine formés. Il semble que ce qui l'intéresse surtout, ce soit la genèse des sentiments. Il nous peint ceux-ci bien souvent douteux encore, et pour ainsi dire à l'état larvaire.

Il s'attache particulièrement aux cas déconcertants, à ceux qui se dressent comme des défis, en face de la morale et la psychologie admises. Évidemment dans cette morale courante et dans cette psychologie, il ne se sent pas lui-même à l'aise. Son propre tempérament entre en opposition douloureuse avec certaines règles que l'on considère comme établies et dont il ne peut se contenter, se satisfaire.

Nous trouvons cette même gêne, cette même insatisfaction dans Rousseau. Nous savons que Dostoïevsky était épileptique, que Rousseau devint fou. J'insisterai plus tard sur le rôle de la maladie dans la formation de leur pensée. Contentons-nous, pour aujourd'hui, de reconnaître, dans cet état physiologique anormal, une sorte d'invitation à se révolter contre la psychologie et la morale du troupeau.

Il y a dans l'homme de l'inexpliqué, si tant est qu'il n'y ait pas de l'inexplicable ; mais une fois admise cette dualité dont je parlais plus haut, admirons avec quelle logique Dostoïevsky en poursuit les conséquences. Et constatons d'abord que presque tous les personnages de Dostoïevsky sont polygames ; c'est-à-dire, et sans doute comme une satisfaction accordée à la complexité de leur nature, que presque tous sont capables simultanément de plusieurs amours. Une autre conséquence et, si je puis dire, un autre corollaire découlant de ce postulat, c'est la presque impossibilité de fournir de la jalousie. Ils ne savent pas, ils ne peuvent pas devenir jaloux.

Mais insistons d'abord sur les cas de polygamie qu'ils nous offrent. C'est le prince Muichkine, entre Aglaé Épantchine et Nastasia Philipovna :

— Je l'aime de toute mon âme, dit-il, en parlant de cette dernière.

— Et en même temps, vous assuriez de votre amour Aglaé Ivanovna ?

— Ah ! oui. Ah ! oui.

— Voyons, prince, pensez un peu à ce que vous dites. Rentrez en vous-même... Selon toute apparence, vous n'avez jamais aimé ni l'une ni l'autre... Comment aimer deux femmes et de deux amours différents... C'est curieux[3].

Et tout aussi bien, chacune des deux héroïnes se trouve elle-même partagée entre deux amours.

Souvenez-vous aussi de Dmitri Karamazov, entre Grouchenka et Nastasia Ivanovna. Souvenez-vous de Versiloff.

Je pourrais citer maint autre exemple.

On peut penser : l'un de ces amours est charnel, l'autre mystique. Je crois cette explication par trop simple. Au demeurant, Dostoïevsky n'est jamais parfaitement franc sur ce point. Il nous invite à mainte supposition, mais nous abandonne. Ce n'est guère qu'à la quatrième lecture de *l'Idiot* que je me suis avisé de ceci, qui maintenant me paraît évident : c'est que toutes les sautes d'humeur de la générale Épantchine à l'égard du prince Muichkine ; c'est que toute l'incertitude d'Aglaé elle-même, la fille de la générale et la fiancée du prince, pourraient bien venir de ce que l'une et l'autre de ces deux femmes (la mère surtout, il va sans dire) flairent quelque mystère dans la nature du prince, et que l'une et l'autre ne sont pas précisément bien sûres que le prince puisse faire un mari suffisant. Dostoïevsky insiste à plusieurs reprises sur la chasteté du prince Muichkine, et certainement cette chasteté remplit d'inquiétude la générale, la future belle-mère :

> Quoi qu'il en soit, une chose certaine, c'est qu'il se sentait au comble du bonheur par ce fait seul qu'il pouvait encore aller voir Aglaé, qu'on lui permettait de lui parler, de s'asseoir à côté d'elle, de se promener avec elle, et — qui sait ? — peut-être se serait-il contenté de cela toute sa vie. Selon toute apparence, cette passion si peu exigeante contribuait à inquiéter secrètement la générale Épantchine ; elle avait deviné dans le prince un amoureux platonique : il y avait bien des choses que la générale appréhendait *in petto* sans pouvoir formuler ses craintes[4].

Et constatons encore ceci qui me paraît très important : l'amour le moins charnel est ici, comme souvent d'ailleurs, le plus fort.

Je ne voudrais pas incliner la pensée de Dostoïevsky. Je ne prétends pas que ces doubles amours et cette absence de jalousie nous acheminent vers l'idée de complaisants partages, — non point toujours du moins, ni nécessairement ; — vers le renoncement plutôt. Encore une fois, Dostoïevsky ne se montre pas très franc sur ce point... La question de la jalousie a de tout temps préoccupé Dostoïevsky.

Dans un de ses premiers livres (*la Femme d'un autre*), nous lisons déjà ce paradoxe : qu'il ne faut pas voir en Othello un véritable type de jaloux ; et peut-être sied-il de voir dans cette affirmation, avant tout, un besoin de s'élever contre l'opinion courante.

Mais, plus tard, Dostoïevsky revient sur ce point. Il reparle d'Othello dans *l'Adolescent*, livre de la fin de sa carrière.

Nous y lisons :

> Versilov me disait un jour que ce n'était point par jalousie qu'Othello avait tué Desdemona et s'était ensuite tué, mais bien parce qu'on lui avait enlevé son idéal[5].

Est-ce là vraiment un paradoxe ? J'ai découvert récemment dans Coleridge une affirmation toute semblable, — semblable au point que l'on doute si, peut-être, Dostoïevsky ne l'aurait pas connue.

> La jalousie, dit Coleridge, en parlant d'Othello précisément, ne me paraît pas être ce qui le point... Il faut voir là plutôt l'angoisse et l'agonie de retrouver impure et méprisable la créature qui lui paraissait angélique, dont il avait fait l'idole de son cœur et qu'il ne pouvait pas cesser d'aimer. Oui, la lutte et l'effort pour ne plus l'aimer ; c'est une indignation morale, le désespoir devant cette faillite de la vertu, qui le fait s'écrier : *But yet the pity of it Iago, 0 Iago, the pity of it, Iago* (qui ne peut être traduit que bien approximativement en français par : « Mais que cela est dommage, Iago, ô Iago, que cela est dommage ! »).

Incapables de jalousie, les héros de Dostoïevsky ? — je vais peut-être un peu loin, — du moins il sied d'apporter à cela quelques retouches. On peut dire qu'ils ne connaissent de la jalousie que la souffrance, une souffrance qui n'est pas accompagnée de haine pour le rival (et c'est là le point important). S'il y a haine comme dans *l'Éternel Mari*, ainsi que nous le verrons tout à l'heure, cette haine est contrebalancée et tenue en respect pour ainsi dire par un mystérieux et étrange amour pour le rival. Mais le plus souvent, il n'y a pas de haine du tout, il n'y a même pas de souffrance ; nous voici sur une route en pente où nous risquons de retrouver Jean-Jacques, soit lorsqu'il s'accommode des faveurs que Mme de Warens accorde à son rival Claude Anet, soit lorsque, songeant à Mme d'Houdetot, il écrit dans ses *Confessions* :

> Enfin de quelque violente passion que j'aie brûlé pour elle, je trouvais aussi doux d'être le confident que l'objet de ses amours et je n'ai jamais regardé son amant comme mon rival, mais toujours comme mon ami. (Il s'agit ici de Saint-Lambert.) On dira que ce n'était pas encore là de l'amour. Soit, mais c'était donc plus.
>
> Loin de devenir jaloux, Stavroguine s'éprit d'amitié pour son rival, est-il dit dans *les Possédés*.

Un détour que je vous propose nous permettra de pénétrer plus avant dans la question, c'est-à-dire de comprendre mieux l'opinion de Dostoïevsky. Relisant récemment à peu près toute son œuvre, il m'a paru particulièrement intéressant de considérer comment Dostoïevsky passe d'un livre à l'autre. Certes, il était naturel qu'après les *Souvenirs de la maison des morts*, il écrivit l'histoire de ce Raskolnikoff dans *Crime et châtiment,* — c'est-à-dire l'histoire d'un crime qui mène celui-ci en Sibérie. Il devient beaucoup plus intéressant de voir comment les dernières pages de ce livre préparent *l'Idiot.* Vous vous souvenez que nous laissions Raskolnikoff en Sibérie dans un état d'esprit tout nouveau, qui lui fait dire que tous les événements de sa vie ont perdu pour lui leur importance : ses crimes, son repentir, son martyre même lui paraissent comme l'histoire de quelqu'un d'autre :

La vie s'était substituée chez lui au raisonnement, il n'avait plus que des sensations.

C'est dans cet état exactement que nous allons trouver le prince Muichkine, au début de *l'Idiot,* cet état qui pourrait bien être, et qui sans doute est, aux yeux de Dostoïevsky, l'état chrétien par excellence. J'y reviendrai.

Il semble que Dostoïevsky établisse dans l'âme humaine, ou simplement y reconnaisse, des couches diverses, — une sorte de stratification. Je distingue dans les personnages de ses romans trois couches, trois régions : une région intellectuelle étrangère à l'âme et d'où pourtant émanent les pires tentations. C'est là qu'habite, selon Dostoïevsky, l'élément perfide, élément démoniaque. Je ne m'occupe pour l'instant que de la seconde couche, qui est la région des passions, région dévastée par des tourbillons orageux, mais, si tragiques que soient les événements que ces orages déterminent, l'âme même des personnages n'en est pas précisément affectée. Il y a une région plus profonde, que ne trouble pas la passion. C'est cette région que nous permet d'atteindre avec Raskolnikoff cette résurrection (et je donne à ce mot le sens que lui donne Tolstoï), cette « seconde naissance », comme disait le Christ. C'est la région où vit Muichkine.

Comment, de *l'Idiot*, Dostoïevsky passe à *l'Éternel Mari*. Voici qui est plus intéressant encore. Vous vous souvenez sans doute qu'à la fin de *l'Idiot*, nous laissions le prince Muichkine au chevet de Nastasia Philipovna que vient d'assassiner Rogojine, son amant, le rival du prince. Les deux rivaux sont là, l'un en face de l'autre, l'un près de l'autre. Vont-ils s'entretuer ? Non ! Au contraire. Ils pleurent l'un contre l'autre. Ils passent toute la nuit de veille, tous deux étendus, côte à côte, au pied du lit de Nastasia.

> Chaque fois que Rogojine, en proie à une fièvre ardente, commençait à délirer et à pousser des cris, le prince aussitôt lui passait sa main brûlante sur les cheveux et sur les joues pour le calmer par cette caresse.

C'est déjà presque le sujet de *l'Éternel Mari*. *L'Idiot* est de 1868 ; *l'Éternel Mari* est de 1870. Ce livre est considéré par certains lettrés comme le chef-d'œuvre de Dostoïevsky (telle était l'opinion du très intelligent Marcel Schwob). Le chef-d'œuvre de Dostoievsky ? c'est peut-être beaucoup dire. Mais, en tout cas, c'est un chef-d'œuvre, et il est intéressant d'entendre Dostoïevsky lui-même nous parler de ce livre :

> J'ai un récit, écrit-il le 18 mars 1869 à son ami Strakhov[6]. Un récit qui n'est pas bien grand. J'avais songé à l'écrire il y a déjà trois ou quatre ans, l'année de la mort de mon frère, en réponse aux paroles d'Apollon Gregorieff

qui, louant mon *Esprit souterrain,* m'avait dit : « Écris donc quelque chose dans ce genre ! » Mais ce sera une chose toute différente, selon la forme, quoique le fond soit toujours le même. Mon éternel fond… Je puis écrire ce récit très vite ; car dans ce récit, il n'y a pas une seule ligne, ni une seule parole qui ne soit claire pour moi. Tout cela est déjà écrit dans ma tête, quoiqu'il n'y ait rien d'écrit sur le papier.

Et, dans une lettre du 27 octobre 1869, nous lisons :

Les deux tiers de la nouvelle sont presque complètement écrits et recopiés. J'ai fait tout mon possible pour abréger, mais cela m'était impossible. Mais il ne s'agit pas de la quantité, mais bien de la qualité ; quant à la valeur, je ne puis rien dire, car je ne sais rien moi-même ; les autres en décideront.

Voici comment les autres en décident :

Votre nouvelle, écrit Strakhov, produit ici une impression très vive et aura un succès indiscutable à mon avis. C'est une de vos œuvres les mieux élaborées, et par le sujet, une des plus intéressantes que vous ayez jamais écrites. Je parle du caractère de Trousotzky ; la majorité le comprendra à peine, mais on le lit et on le lira avec avidité.

L'*Esprit souterrain* précédait ce livre de peu. Je crois que nous atteignons avec l'*Esprit souterrain* le sommet de la carrière de Dostoïevsky. Je le considère, ce livre (et je ne suis pas le seul), comme la clé de voûte de son œuvre entière. Mais nous rentrerons avec lui dans la région intellectuelle, c'est pourquoi je ne vous en parlerai pas aujourd'hui. Restons avec l'*Éternel Mari* dans la région des passions. Dans ce petit livre, il n'y a que deux personnages : le mari et l'amant. La concentration ne peut être poussée plus loin. Le livre entier répond à un idéal que nous appellerions aujourd'hui *classique* ; l'action même ou du moins le fait initial qui provoque le drame a déjà eu lieu, comme dans un drame d'Ibsen.

Veltchaninov est à ce moment de la vie où les événements passés commencent à prendre un aspect un peu différent à ses propres yeux.

Aujourd'hui, à l'approche de la quarantaine, la clarté et la bonté s'étaient presque éteintes dans ces yeux déjà cernés de rides légères ; ce qu'ils

exprimaient à présent, c'était au contraire le cynisme d'un homme aux mœurs relâchées et d'un blasé, l'astuce le plus souvent, le sarcasme, ou encore une nuance nouvelle, qu'on ne leur connaissait pas jadis, une nuance de tristesse et de souffrance, d'une tristesse distraite et comme sans objet, mais profonde. Cette tristesse se manifestait surtout quand il était seul[Z].

Que se passe-t-il donc chez Veltchaninov ? Que se passe-t-il donc à cet âge, à ce tournant de la vie ? Jusqu'à présent, l'on s'est amusé, l'on a vécu : mais soudain, l'on se rend compte que nos gestes, que les événements provoqués par nous une fois détachés de nous, et pour ainsi dire lancés dans le monde, comme on lance un esquif sur la mer, que ces événements continuent à vivre indépendamment de nous, à notre insu souvent (George Eliot parle admirablement de cela dans *Adam Bede*). Oui, les événements de sa propre vie ne paraissent plus à Veltchaninov tout à fait sous le même jour ; c'est à dire qu'il prend brusquement conscience de *sa responsabilité*. Il rencontre en ce temps quelqu'un qu'il a connu jadis : le mari d'une femme qu'il a possédée. Ce mari se présente à lui d'une façon assez fantastique. On ne sait trop s'il évite Veltchaninov ou s'il le recherche au contraire. Il semble surgir soudain d'entre les pavés de la rue. Il erre mystérieusement ; il rôde autour de la maison de Veltchaninov, qui ne le reconnaît pas d'abord.

Je ne chercherai pas à vous raconter tout le livre, ni comment après une visite nocturne de Pavel Pavlovitch Trousotzky, le mari, Veltchaninov se décide à rendre visite à ce dernier. Leur position réciproque, douteuse d'abord, se précise :

— Dites-moi, Pavel Pavlovitch, vous n'êtes donc pas seul ici ? Qu'est-ce donc que cette petite fille qui était là quand je suis entré[8].

Pavel Pavlovitch haussa les sourcils d'un air surpris, puis avec un regard franc et aimable :

— Comment ? cette petite fille ? Mais c'est Lisa ! fit-il en souriant.

— Quelle Lisa ? balbutia Veltchaninov.

Et tout à coup quelque chose remua en lui. L'impression fut soudaine. À son entrée, à la vue de enfant, il avait été un peu surpris, mais il n'avait eu aucun pressentiment, aucune idée.

— Mais notre Lisa, notre fille Lisa, insista Pavel Pavlovitch toujours souriant.

— (Comment, votre fille ? Mais Natalia… feue Natalia Vassilievna aurait donc eu des enfants ? demanda Veltchaninov d'une voix presque étranglée, sourde, mais calme.

— Mais certainement… Mais, mon Dieu ! c'est vrai, vous ne pouviez pas le savoir, où ai-je donc la tête ? C'est après votre départ que le bon Dieu nous a favorisés…

Pavel Pavlovitch s'agita sur sa chaise, un peu ému, mais toujours aimable.

— Je n'ai rien su, dit Veltchaninov en devenant très pâle.

— En effet, en effet ! Comment l'auriez-vous su ? reprit Pavel Pavlovitch d'une voix attendrie. Nous avions perdu tout espoir, la défunte et moi ; vous vous rappelez bien… Et voilà que tout à coup le bon Dieu nous a bénis ! Ce que j'ai éprouvé, il est seul à le savoir. C'est arrivé un an juste après votre départ.

Non, pas tout à fait un an… Attendez… Voyons, si je ne me trompe, vous êtes parti en octobre, ou même en novembre ?

— Je suis parti de T… au commencement de septembre, le 12 septembre : je me rappelle très bien…

— Oui, vraiment ? En septembre ? Hum !… mais où ai-je donc la tête ? fit Pavel Pavlovitch très surpris. Enfin, si c'est bien cela ; voyons : vous êtes parti le 12 septembre, et Lisa est née le 8 mai, cela fait donc… septembre, — octobre, — novembre, — décembre, — janvier, — février, — mars, — avril, huit mois après votre départ, à peu près !… Et si vous saviez comme la défunte…

— Faites-la-moi voir, amenez-la-moi… interrompit Veltchaninov d'une voix étouffée.

Ainsi donc, Veltchaninov se rend compte que cet amour passager, auquel il n'attachait pas d'importance, a laissé une trace. Cette question se dresse devant lui. Le mari sait-il ? Et presque jusqu'à la fin du livre, le lecteur doute ; Dostoïevsky nous maintient dans l'indécision, et c'est cette indécision même qui torture Veltchaninov. Il ne sait à quoi s'en tenir. Ou plutôt, il nous apparaît bientôt que Pavel Pavlovitch sait, mais qu'il feint de ne pas savoir : précisément pour torturer l'amant par cette indécision qu'il entretient savamment en lui.

Une des façons d'envisager ce livre étrange est celle-ci : l'*Éternel Mari* nous présente la lutte du sentiment véritable et sincère contre le sentiment conventionnel, contre la psychologie admise et d'usage courant.

« Il n'y a qu'une solution : un duel », s'écrie Veltchaninov ; mais on se rend compte que c'est là une solution misérable qui ne satisfait aucun sentiment réel, qui simplement répond à une conception factice de l'honneur ;

celle même dont je parlais précédemment : une notion occidentale. Elle n'a que faire ici. Nous comprenons bientôt, en effet, que Pavel Pavlovitch, au fond, aime sa jalousie même. Oui, vraiment, il aime et recherche sa souffrance. Cette recherche de la souffrance jouait un rôle très important déjà dans *l'Esprit souterrain*.

On a beaucoup parlé en France, à propos des Russes, à la suite du vicomte Melchior de Vogüé, d'une « religion de la souffrance ». En France, nous faisons grand cas et grand usage des formules. C'est une manière de « naturaliser un auteur ; cela nous permet de le ranger dans la vitrine. L'esprit français a besoin de savoir à quoi s'en tenir ; après quoi, l'on n'a plus besoin d'y aller voir, ni d'y penser. — Nietzsche ? — Ah ! oui : « Le surhomme. Soyons durs. Vivre dangereusement. » — Tolstoï ? — « La non-résistance au mal. » — Ibsen ? — « Les brumes du Nord. » — Darwin ? — « L'homme descend du singe. La lutte pour la vie. » — D'Annunzio ? — « Le culte de la beauté. » Malheur aux auteurs dont on ne peut réduire la pensée en une formule ! Le gros public ne peut les adopter (et c'est ce que comprit si bien Barrès lorsqu'il inventa pour couvrir sa marchandise cette étiquette : *la Terre et les Morts*).

Oui, nous avons une grande tendance en France, à nous payer de mots, et à croire que tout est dit, que tout est obtenu, qu'il n'y a plus qu'à passer outre, dès qu'on a trouvé la formule. C'est ainsi que nous avons pu croire que nous tenions déjà la victoire grâce au « je les grignote » de Joffre, ou au « rouleau compresseur de la Russie.

« La religion de la souffrance ». Évitons du moins le malentendu. Il ne s'agit pas ici, ou du moins pas seulement de la souffrance d'autrui, de la souffrance universelle devant laquelle Raskolnikoff se prosterne lorsqu'il se jette aux pieds de Sonia, la prostituée, ou le père Zossima aux pieds de Dmitri Karamazov, le futur meurtrier — mais bien aussi de sa propre souffrance.

Veltchaninov, durant le cours de tout le livre, se demandera : Pavel Pavlovitch Trousotzky est-il jaloux ou ne l'est-il pas ? Sait-il ou ne sait-il pas ? Question absurde. — Oui, certes, il sait ! Oui, certes, il est jaloux ; mais c'est là jalousie même qu'il entretient en lui, qu'il protège ; c'est la souffrance de la jalousie qu'il recherche, et qu'il aime, — tout comme nous avons vu le héros de *l'Esprit souterrain* aimer son mal de dents.

De cette souffrance abominable du mari jaloux, nous ne saurons à peu près rien. Dostoïevsky ne nous la fera connaître, entrevoir, qu'indirectement, par les horribles souffrances que lui-même, Trousotzky, fera endurer aux êtres qui sont près de lui, — à commencer par cette petite fille, que pourtant il aime passionnément. Les souffrances de cette enfant nous permettent de mesurer l'intensité de sa propre souffrance. Pavel Pavlovitch torture cette enfant, mais il l'adore, il n'est pas plus capable de la détester qu'il n'est capable de détester l'amant :

« Savez-vous ce que Lisa a été pour moi, Veltchaninov ? » Il se rappela ce cri de Trousotzky et il sentit que ce n'avait pas été une grimace, que son déchirement était sincère, que c'était de la tendresse. Comment ce monstre a-t-il pu être si cruel pour l'enfant qu'il adorait ? Était-ce croyable ? Mais toujours il écartait cette question et il la fuyait ; elle contenait un élément d'incertitude terrible, quelque chose d'intolérable, d'insoluble[9].

Persuadons-nous que ce dont il souffre le plus, c'est précisément de ne pas parvenir à être jaloux, ou plus précisément de ne connaître de la jalousie que la souffrance, de ne pouvoir haïr celui qui lui a été préféré. Les souffrances mêmes qu'il fera endurer à ce rival, celles qu'il tâche de lui faire endurer, les souffrances qu'il inflige à sa fille, sont comme une espèce de contre-poids mystique qu'il oppose à l'horreur et à la détresse où lui-même se trouve plongé. Néanmoins, il songe à la vengeance ; non point précisément qu'il ait envie de se venger, mais il se dit qu'il *doit* se venger, et que c'est peut-être là le seul moyen pour lui de sortir de cette abominable détresse. Nous voyons ici la psychologie courante reprendre le pas sur le sentiment sincère.

« La coutume fait tout, jusqu'en amour », disait Vauvenargues[10]. Vous vous souvenez de la maxime de La Rochefoucauld :

> Combien d'hommes n'auraient jamais connu l'amour s'ils n'avaient entendu parler de l'amour ?

Ne sommes-nous pas en droit de penser de même : Combien d'hommes ne seraient peut-être pas jaloux, s'ils n'avaient entendu parler de la jalousie, s'ils ne s'étaient pas persuadés qu'il fallait être jaloux ?

Oui, certes, la convention est la grande pourvoyeuse de mensonges. Combien d'êtres ne contraint-on pas à jouer toute leur vie un personnage étrangement différent d'eux-mêmes, et combien n'est-il pas difficile de reconnaître en soi tel sentiment qui n'ait été précédemment décrit, baptisé, dont nous n'ayons devant nous le modèle ? Il est plus aisé à l'homme d'imiter tout que d'inventer rien. Combien d'êtres acceptent de vivre toute leur vie tout contrefaits par le mensonge, qui trouvent malgré tout, et dans le mensonge même de la convention, plus de confort et moins d'exigence d'effort que dans l'affirmation sincère de leur sentiment particulier ! Cette affirmation exigerait d'eux une sorte d'invention dont ils ne se sentent pas capables.

Écoutons Trousotzky :

— Tenez, Alexis Ivanovitch, il m'est revenu ce matin, pendant que j'étais dans ma voiture, une petite histoire très drôle qu'il faut que je vous raconte. Vous parliez tout à l'heure de l'homme « qui se jette au cou des gens ». Vous vous rappelez peut-être Semen Petrovitch Livtsov qui est arrivé à T... de votre temps ? Eh bien ! Il avait un frère cadet, un jeune beau, de Pétersbourg comme lui, qui était en fonctions auprès du gouverneur de V... et était très apprécié. Il lui arriva un jour de se quereller avec Gouloubenko, le colonel, dans une société ; il y avait là des dames, et, parmi elles, la dame de son cœur. Il se sentit fort humilié, mais il avala l'offense, et ne dit mot. Peu après, Gouloubenko lui souffla la dame de son cœur et la demanda en mariage. Que pensez-vous que fit Livtsov ? Eh bien ! Il fit en sorte de devenir l'ami intime de Gouloubenko ; bien mieux, il demanda à être garçon d'honneur ; le jour du mariage, il tint son rôle ; puis quand ils eurent reçu la bénédiction nuptiale, il s'approche du marié pour le féliciter et l'embrasser, et alors, devant toute la noble société, devant le gouverneur, voilà mon Livtsov qui lui donne un grand coup de couteau dans le ventre et voilà mon Gouloubenko qui tombe !... Son propre garçon d'honneur ! C'est bien ennuyeux ! Et puis ce n'est pas tout ! Ce qu'il y a de bon, c'est qu'après le coup de couteau, le voilà qui se jette à droite et à gauche : « Hélas ! qu'ai-je fait là ! Hélas ! qu'ai-je fait ! » et qui sanglote et qui s'agite, et qui se jette au cou de tout le monde, des dames aussi. « Hélas ! qu'ai-je fait là ! » Ha ! ha ! ha ! c'était à crever de rire. Il n'y avait que ce pauvre Gouloubenko qui faisait pitié, mais enfin il s'en est tiré.

— Je ne vois pas du tout pourquoi vous me racontez cette histoire, fit Veltchaninov, sèchement, les sourcils froncés.

— Mais uniquement à cause du coup de couteau, dit Pavel Pavlovitch toujours riant[11],

et c'est ainsi que le sentiment réel, spontané de Pavel Pavlovitch se fait jour, lorsqu'il est amené soudain à soigner Veltchaninov, pris inopinément d'une crise de foie. Permettez-moi de vous lire tout au long cette scène extraordinaire :

> À peine le malade se fut-il étendu qu'il s'endormit. Après la surexcitation factice qui l'avait tenu debout toute cette journée et dans ces derniers temps, il restait faible comme un enfant. Mais le mal reprit le dessus et vainquit la fatigue et le sommeil : au bout d'une heure, Veltchaninov se réveilla et se dressa sur le divan avec des gémissements de douleur. L'orage avait cessé ; la chambre était pleine de fumée de tabac, la bouteille était vide sur la table et Pavel Pavlovitch dormait sur l'autre divan. Il s'était couché tout de son long ; il avait gardé ses vêtements et ses bottes. Son lorgnon avait glissé de sa poche et pendait au bout du fil de soie presque au ras du plancher[12].

C'est une chose remarquable, ce besoin de Dostoïevsky, lorsqu'il nous entraîne dans les régions les plus étranges de la psychologie, de préciser alors jusqu'au plus petit détail réaliste, afin d'établir le mieux possible la solidité de ce qui nous paraîtrait, sinon, fantastique et imaginaire.

Veltchaninov souffre horriblement, et voici tout aussitôt Trousotzky aux petits soins :

> Mais Pavel, Pavlovitch était, Dieu sait pourquoi ! tout à fait hors de lui, aussi bouleversé que s'il se fût agi de sauver son propre fils. Il ne voulait rien entendre et insista avec feu : il fallait absolument mettre des compresses chaudes, et puis, par là-dessus, avaler vivement deux ou trois tasses de thé faible, aussi chaud que possible, presque bouillant. Il courut chercher Mavra sans attendre que Veltchaninov le lui permit ; la ramena à la cuisine, fit du feu, alluma le samovar : en même temps il décidait le malade à se coucher, le

déshabillait, l'enveloppait d'une couverture ; et au bout de vingt minutes, le thé était prêt, et la première compresse était chauffée.

— Voilà qui fait l'affaire... des assiettes bien chaudes, brûlantes ! dit-il avec un empressement passionné, en appliquant sur la poitrine de Veltchaninov une assiette enveloppée dans une serviette. Nous n'avons pas d'autres compresses, et il serait trop long de s'en procurer... Et puis des assiettes, je veux vous le garantir, c'est encore ce qu'il y a de meilleur ; j'en ai fait l'expérience moi-même, en personne sur Petr Kouzmitch... C'est que vous savez, on peut en mourir !... Tenez, buvez ce thé vivement ; tant pis, si vous vous brûlez ! Il s'agit de vous sauver ; il ne s'agit pas de faire des façons.

Il bousculait Mavra, qui dormait encore à demi ; on changeait les assiettes toutes les trois ou quatre minutes. Après la troisième assiette et la seconde tasse de thé bouillant avalée d'un trait, Veltchaninov se sentit tout d'un coup soulagé.

— Quand on parvient à se rendre maître du mal, alors, grâce à Dieu, c'est bon signe ! s'écria Pavel Pavlovitch.

Et il courut tout joyeux chercher une autre assiette et une autre tasse de thé.

— Le tout c'est d'empoigner le mal ! Le tout c'est que nous arrivions à le faire céder ! répétait-il à chaque instant.

Au bout d'une demi-heure, la douleur était tout à fait calmée ; mais le malade était si fatigué que, malgré les supplications de Pavel Pavlovitch, il refusa obstinément de se laisser appliquer « encore une petite assiette ». Ses yeux se fermaient de faiblesse.

— Dormir ! dormir ! murmura-t-il d'une voix éteinte.

— Oui, oui ! fit Pavel Pavlovitch.

— Couchez-vous aussi... Quelle heure est-il ?

— Il va être deux heures moins un quart.

— Couchez-vous.

Une minute après, le malade appela de nouveau Pavel Pavlovitch qui accourut et se pencha sur lui.

— Oh ! vous êtes... vous êtes meilleur que moi !...

— Merci. Dormez, dormez ! fit tout bas Pavel Pavlovitch.

Et il retourna vite à son divan, sur la pointe des pieds.

Le malade l'entendit encore faire doucement son lit, ôter ses vêtements, éteindre la bougie et se coucher à son tour, en retenant son souffle, pour ne pas le troubler[13].

N'empêche qu'un quart d'heure plus tard, Veltchaninov surprend Trousotzky, qui le croit endormi, penché sur lui pour le tuer.

Aucune préméditation à ce crime, ou du moins :

Pavel Pavlovitch voulait tuer, mais ne savait pas qu'il voulait tuer. C'est incompréhensible, mais c'est comme cela, pensa Veltchaninov[14].

Pourtant cela ne le satisfait pas encore :

Était-ce sincère ? se demanda-t-il un peu plus tard.

Était-ce sincère ? tout ce que... Trousotzky me disait hier de sa tendresse pour moi, tandis que son menton tremblait et qu'il se frappait la poitrine du poing ?

Oui, c'était parfaitement sincère, se répéta-t-il à lui-même, approfondissant l'analyse sans ordre. Il était parfaitement assez bête et assez généreux pour s'éprendre de l'amant de sa femme, à la conduite de laquelle il n'a rien trouvé à redire pendant vingt ans ! Il m'a estimé pendant neuf ans, a honoré mon souvenir, et a gardé mes « expressions » dans sa mémoire. Il n'est pas possible qu'il ait menti hier ! Est-ce qu'il ne m'aimait pas hier, lorsqu'il me disait : « Réglons nos comptes » ? Parfaitement, il m'aimait tout en me haïssant ; cet amour est de tous le plus fort[15].

et enfin :

Seulement il ne savait pas alors si tout cela finirait par un baiser ou par un coup de couteau. Eh bien ! la solution est venue, la meilleure, la vraie solution : le baiser et le coup de coup de couteau, les deux à la fois. C'est la solution la plus logique[16] !...

Si je me suis attardé si longuement à ce petit livre, c'est qu'il est de prise plus facile que les autres romans de Dostoïevsky, c'est qu'il nous permet d'aborder par delà la haine et l'amour à cette région profonde dont je vous parlais tout à l'heure, qui n'est pas la région de l'amour et que la passion n'atteint pas, région où il est à la fois si facile et si simple d'atteindre, celle même, me semble-t-il, dont nous parlait Schopenhauer, où se rallie tout sentiment de solidarité humaine, celle où s'évanouissent les limites de l'être, où se perd le sentiment de l'individu et du temps, celle enfin sur le plan de laquelle Dostoïevsky cherchait, trouvait, le secret du bonheur, ainsi que nous le verrons la prochaine fois.

---

1. ↑ *Possédés,* II, p. 218.
2. ↑ *Morceaux choisis,* pp. 102 et 103.
3. ↑ *L'Idiot,* II, pp. 355 et 356.
4. ↑ *L'Idiot,* II, p. 266.
5. ↑ *L'Adolescent,* p. 285.
6. ↑ *Correspondance,* p. 319.
7. ↑ *L'Éternel Mari,* p. 7.
8. ↑ *Ibid.,* p. 51.
9. ↑ *L'Éternel mari,* pp. 104, 105.
10. ↑ Vauvenargues, Maxime 39, *Œuvres,* p. 377.
11. ↑ *L'Éternel Mari,* pp. 92 et 93.
12. ↑ *L'Éternel Mari,* pp. 160 et 161.
13. ↑ *L'Éternel Mari,* pp. 162, 163 et 164.
14. ↑ *Ibid.,* p. 172.
15. ↑ *L'Éternel Mari,* p. 172.
16. ↑ *Ibid.,* p. 174.

V

Je vous ai parlé dans notre dernière causerie, de ces trois couches ou régions que semble distinguer Dostoïevsky en la personnalité humaine, — de ces trois strates : la région de la spéculation intellectuelle, la région des passions, intermédiaire entre la première et cette région profonde où n'atteint pas le mouvement des passions.

Ces trois couches évidemment ne sont point séparées, ni même proprement limitées. Elles s'entre-pénètrent continuellement.

Dans ma dernière causerie, je vous ai parlé de la région intermédiaire, celle des passions. C'est dans cette région, c'est sur ce plan que se joue le drame ; non seulement les livres de Dostoïevsky, mais le drame de l'humanité tout entière, et nous avons pu constater aussitôt ce qui semblait paradoxal d'abord : si mouvementées et puissantes que soient les passions, elles n'ont, somme toute, pas grande importance, ou du moins peut-on dire que l'âme n'en est pas remuée dans ses profondeurs ; les événements n'ont pas de prise sur elle ; ils ne *l'intéressent pas*. À l'appui de cela, quel meilleur exemple trouver que celui des guerres ? On a fait des enquêtes à propos de la terrible guerre que nous venons de traverser. On a demandé à des littérateurs quelle importance elle avait, elle leur semblait avoir, quel retentissement moral ; quelle influence sur la littérature ?... La réponse est bien simple : cette influence est nulle — ou à peu près.

Voyez plutôt les guerres de l'Empire. Cherchez à découvrir leur retentissement dans la littérature ; cherchez en quoi l'âme humaine a pu en être modifiée... Il y a certes des poèmes de circonstance sur l'épopée napoléonienne, comme il y en a maintenant en très grand nombre, en trop grand nombre, sur cette dernière guerre ; mais le retentissement profond, la modification essentielle ? Non ! ce n'est pas un événement qui les peut provoquer, si tragique, si considérable soit-il ! Par contre, pour la Révolution française, il n'en va pas de même. Mais nous n'avons pas affaire ici à un événement uniquement extérieur ; ce n'est pas à proprement parler un accident : ce n'est pas un traumatisme, si je puis dire. L'événement ici naît du peuple lui-même ; l'influence qu'a eue la Révolution française sur les écrits de Montesquieu, de Voltaire, de Rousseau, est considérable ; mais les écrits de ceux-ci datent d'avant la Révolution. Ils la préparent. Et c'est bien aussi ce que nous verrons dans les romans de Dostoïevsky : la pensée ne suit pas l'événement, elle le précède. Le plus souvent, de la pensée à l'action la passion doit servir d'intermédiaire.

Toutefois, nous verrons dans les romans de Dostoïevsky l'élément intellectuel parfois entrer directement en contact avec la région profonde. Cette région profonde n'est pas du tout l'enfer de l'âme ; c'en est, tout au contraire, le ciel.

Nous trouvons dans Dostoïevsky cette sorte de mystérieux renversement des valeurs, que nous présentait déjà William Blake, le grand poète mystique anglais, dont je vous parlais précédemment. L'enfer, d'après Dostoïevsky, c'est au contraire la région supérieure, la région intellectuelle. À travers tous ses livres, pour peu que nous les lisions d'un regard averti, nous constaterons une dépréciation non point systématique, mais presque involontaire de l'intelligence ; une dépréciation *évangélique* de l'intelligence.

Dostoïevsky n'établit jamais, mais laisse entendre, que ce qui s'oppose à l'amour ce n'est point tant la haine que la rumination du cerveau. L'intelligence, pour lui, c'est précisément ce qui s'individualise, ce qui s'oppose au royaume de Dieu, à la vie éternelle, à cette béatitude en dehors du temps, qui ne s'obtient que par le renoncement de l'individu, pour plonger dans le sentiment d'une solidarité indistincte.

Ce passage de Schopenhauer nous éclairera sans doute[1].

> Il comprend alors que la distinction entre celui qui inflige les souffrances et celui qui doit les subir n'est qu'un phénomène, et n'atteint pas la chose en soi, la volonté qui vit dans tous les deux : celle-ci, abusée par l'intelligence attachée à ses ordres, se méconnaît elle-même et, en cherchant dans l'un de ses phénomènes un surcroit de bien-être, elle produit dans l'autre, un excès de douleur : emportée par sa véhémence, elle déchire de ses dents sa propre chair, ignorant que par là c'est toujours elle-même qu'elle blesse et manifestant de la sorte, par l'intermédiaire de l'individuation, le conflit avec elle-même qu'elle recèle dans son sein. Persécuteur et persécuté sont identiques. L'un s'abuse en ne croyant pas avoir sa part de la souffrance ; l'autre s'abuse en ne croyant pas participer à la culpabilité. Si leurs yeux parvenaient à se dessiller, le méchant reconnaîtrait que dans ce vaste monde il vit lui-même au fond de toute créature

qui souffre, et qui, lorsqu'elle est douée de raison, se demande vainement dans quel but elle a été appelée à vivre et à endurer des souffrances qu'elle ne reconnaît pas avoir méritées : le malheureux, à son tour, comprendrait que tout le mal qui se commet ou s'est jamais commis sur terre dérive de cette volonté qui constitue aussi son essence à lui, dont il est le phénomène, et qu'en vertu de ce phénomène, et de son affirmation, il a assumé toutes les souffrances qui en découlent, et qu'il doit les supporter en toute justice, aussi longtemps qu'il continue d'être cette volonté.

Mais le pessimisme (qui parfois peut paraître presque postiche dans Schopenhauer) fait place dans Dostoïevsky a un optimisme éperdu :

Donnez-moi trois vies, elles ne me suffiraient pas encore[2].

fait-il dire à un personnage de *l'Adolescent*.

Et encore dans ce même livre :

Tu as un tel désir de vivre que, si l'on te donnait trois existences, elles ne suffiraient pas encore[3].

Je voudrais entrer avec vous plus avant dans cet état de béatitude que Dostoïevsky nous peint, ou nous laisse entrevoir, dans chacun de ses livres, état où disparaît avec le sentiment de la limite individuelle celui de la fuite du temps.

Dans ce moment, dira le prince Muichkine, il me semble que j'ai compris le mot extraordinaire de l'apôtre : *Il n'y aura plus de temps*[4].

Lisons encore cet éloquent passage des *Possédés* :

— Vous aimez les enfants ? demanda Stavroguine.

— Oui, je les aime, dit Kiriloff, d'un ton assez indifférent du reste.

— Alors vous aimez aussi la vie ?

— Oui ! j'aime la vie ! Cela vous étonne ?

. . . .

— Vous croyez à la vie éternelle dans l'autre monde ?

— Non ! mais à la vie éternelle dans celui-ci. Il y a des moments, vous arrivez à des moments, où le temps s'arrête tout à coup pour faire place à l'éternité[5].

Je pourrais multiplier les citations, mais sans doute celles-ci suffisent.

Je suis frappé, chaque fois que je lis l'Évangile, de l'insistance avec laquelle reviennent sans cesse les mots : « *Et nunc.* » *Dès à présent.* Certainement Dostoïevsky a été frappé lui aussi par cela : que la béatitude, que l'état de béatitude promise par le Christ, peut être atteinte immédiatement, si l'âme humaine se renie et se résigne elle-même : *Et nunc...*

La vie éternelle n'est pas (ou du moins n'est pas seulement) une chose future, et si nous n'y parvenons pas d'ici-bas, il n'y a guère d'espoir que nous puissions jamais y atteindre.

Lisons encore, à ce sujet, ce passage de l'admirable *Autobiography* de Marc Rutherford.

En devenant vieux, je compris mieux combien folle était cette perpétuelle course après le futur, cette puissance du lendemain, cette remise de jour en jour, ce report en avant, du bonheur. J'appris enfin, quand il était déjà presque trop tard, à vivre dans l'instant présent, à comprendre que le soleil qui m'éclaire est aussi beau maintenant qu'il le sera jamais, à ne pas chercher à m'inquiéter sans cesse du futur ; mais au temps de ma jeunesse, j'étais victime de cette illusion, que pour une raison ou pour une autre, entretient en nous la nature, qui fait que, par le plus radieux matin de juin, nous pensons aussitôt à des matins de juillet qui seront plus radieux encore.

Je ne me permets de rien dire, pour ou contre la doctrine de l'immortalité, je dis simplement ceci : que les hommes ont pu être heureux sans elle, et même en temps de désastre, et que voir toujours dans l'immortalité le seul ressort de nos actions ici-bas est une exagération de cette folie qui nous abuse tous et tout le long de la vie, par un espoir sans cesse reculé, de sorte que la mort viendra sans que nous ayons pu jouir pleinement d'une seule heure[6].

Volontiers, je m'écrierais : « Que m'importe la vie éternelle, sans la conscience à chaque instant de cette éternité ! La vie éternelle peut être dès à présent toute présente en nous. Nous la vivons dès l'instant que nous consentons à mourir à nous-mêmes, à obtenir de nous ce renoncement, qui permet immédiatement la résurrection dans l'éternité. »

Il n'y a ici ni prescription, ni ordre ; simplement, c'est le secret de la félicité supérieure que le Christ, comme partout ailleurs dans l'Évangile, nous révèle : « Si vous savez ces choses, vous êtes heureux », dit encore le Christ (saint Jean, XIII, 17). Non pas : « Vous serez heureux », mais : « Vous êtes heureux ». C'est à présent et tout aussitôt que nous pouvons participer à la félicité.

Quelle tranquillité ! Ici vraiment le temps s'arrête, ici respire l'éternité. Nous entrons dans le Royaume de Dieu.

Oui, c'est ici le centre mystérieux de la pensée de Dostoïevsky et aussi de la morale chrétienne, le secret divin du bonheur. L'individu triomphe dans le renoncement à l'individualité : Celui qui aime sa vie, qui protège sa personnalité, la perdra ; mais celui-là qui en fera l'abandon la rendra vraiment vivante, lui assurera la vie éternelle ; non point la vie futurement éternelle, mais la fera dès à présent vivre à même l'éternité. Résurrection dans la vie totale, oubli de tout bonheur particulier. Ô réintégration parfaite !

Cette exaltation de la sensation, cette inhibition de la pensée n'est nulle part mieux indiquée que dans ce passage des *Possédés*, qui fait suite à celui que je vous lisais tout à l'heure :

— Vous paraissez fort heureux, dit Stavroguine à Kirioff.

— Et je suis fort heureux, en effet, reconnut celui-ci du même ton dont il eût fait la réponse la plus ordinaire.

— Mais il n'y a pas encore si longtemps, vous étiez de mauvaise humeur, vous vous êtes fâché contre Lipoutine ?

— Hum ! à présent, je ne gronde plus. Alors je ne savais pas encore que j'étais heureux. Avez-vous quelquefois vu une feuille, une feuille d'arbre ?

— Oui.

— Dernièrement, j'en ai vu une : elle était jaune, mais conservait encore en quelques endroits sa couleur verte ; les bords étaient pourris. Le vent l'emportait. Quand j'avais dix ans, il m'arrivait en hiver de fermer les yeux exprès et de me représenter une feuille verte, aux veines nettement dessinées, un soleil brillant. J'ouvrais les yeux et je croyais rêver, tant c'était beau, je les refermais encore.

— Qu'est-ce que cela signifie ? C'est une figure ?

— N-non... Pourquoi ? Je ne fais point d'allégorie. Je parle seulement de la feuille. La feuille est belle. Tout est bien.

. . . .

— Quand donc avez-vous eu connaissance de votre bonheur ?

— Mardi dernier, ou plutôt mercredi, dans la nuit du mardi au mercredi.

— À quelle occasion ?

— Je ne me le rappelle pas ; c'est arrivé par hasard. Je me promenais dans ma chambre... cela ne fait rien. J'ai arrêté la pendule, il était deux heures trente-sept[Z].

Mais, direz-vous, si la sensation triomphe de la pensée, si l'âme ne doit plus connaître d'autre état que cet état vague, disponible, à la merci de toute influence extérieure, que peut-il en résulter, sinon la complète anarchie ? L'on nous a dit, l'on nous a répété souvent ces derniers temps que c'est là l'aboutissement fatal de la doctrine de Dostoïevsky. La discussion de cette doctrine pourrait nous entraîner très loin, car j'entends d'avance les protestations que je pourrais soulever, si je venais vous affirmer : Non, ce n'est pas à l'anarchie que nous mène Dostoïevsky, mais simplement à l'Évangile. Car il est nécessaire ici de nous entendre. La doctrine chrétienne, telle qu'elle est contenue dans l'Évangile, ne nous apparaît ordinairement, à nous Français, qu'à travers l'Église catholique, que domestiquée par l'Église. Or, Dostoïevsky a horreur des églises, de l'Église catholique en particulier. Il prétend recevoir directement et uniquement de l'Évangile l'enseignement du Christ, et c'est précisément ce que n'admet point le catholique.

Nombreux sont les passages de ses lettres contre l'Église catholique. Accusations si violentes, si péremptoires, si passionnées que je n'ose vous en donner ici lecture ; mais qui m'expliquent et me font comprendre mieux l'impression générale que je retrouve à chaque nouvelle lecture de Dostoïevky : je ne connais point d'auteur à la fois plus chrétien et moins catholique.

— Mais précisément, s'écrieront les catholiques, — et nous vous l'avons maintes fois expliqué et vous sembliez vous-même l'avoir compris : l'Évangile, les paroles du Christ, prises isolément, ne nous mènent qu'à l'anarchie ;

de là précisément la nécessité de saint Paul, de l'Église, du catholicisme tout entier.

Je leur laisse le dernier mot.

Ainsi donc, sinon à l'anarchie, c'est à une sorte de bouddhisme, de quiétisme du moins, que nous conduit Dostoïevsky (et nous verrons qu'aux yeux des orthodoxes, ce n'est pas là sa seule hérésie). Il nous entraîne très loin de Rome (je veux dire des encycliques), très loin aussi de l'honneur mondain.

« Mais enfin, prince, êtes-vous un honnête homme ? » s'écrie un de ses personnages en s'adressant à Muichkine, celui de tous ses héros qui incarnait le mieux sa pensée, son éthique plutôt, — du moins tant qu'il n'avait pas écrit les *Karamazov* et ne nous avait pas présenté les figures séraphiques d'Aliocha et du starets Zossima. Que nous propose-t-il alors ? Est-ce une vie contemplative ? Une vie où, toute intelligence et toute volonté résignées, l'homme, hors du temps, ne connaîtrait plus que l'amour ?

C'est peut-être bien là qu'il trouverait le bonheur, mais ce n'est point là que Dostoïevsky y voit la fin de l'homme. Aussitôt que le prince Muichkine, loin de sa patrie, est arrivé à cet état supérieur, il éprouve un urgent besoin de retourner dans son pays ; et lorsque le jeune Aliocha confesse au père Zossima son secret désir d'achever ses jours dans le monastère, Zossima lui dit : « Quitte ce couvent, tu seras plus utile là-bas : tes frères ont besoin de toi. » — « Non pas les enlever du monde, mais les préserver du Malin » disait le Christ.

Je remarque (et ceci va nous permettre d'aborder la partie démoniaque des livres de Dostoïevsky) que la plupart des traductions de la Bible traduisent ainsi ces paroles du Christ : « Mais de les préserver du mal », ce qui n'est pourtant pas la même chose. Les traductions dont je parle sont, il est vrai, des traductions protestantes. Le protestantisme a une tendance à ne pas tenir compte des anges ni des démons. Il m'est arrivé assez souvent de demander, par manière d'expérience, à des protestants : « Croyez-vous au diable ? » Et chaque fois, cette demande a été accueillie avec une sorte de stupeur. Le plus souvent, je me rendais compte que c'était là une question que le protestant ne s'était jamais posée. Il finissait par me répondre : « Mais naturellement, je crois au mal », et lorsque je le poussais, il finissait par avouer qu'il ne voyait dans le mal que l'absence du bien, tout comme dans l'ombre l'absence de la lumière. Nous sommes donc ici très loin des textes de l'Évangile, qui font allusion à maintes reprises à une puissance diabolique, réelle, présente, particulière. Non point : « Les préserver du mal », mais « les préserver *du Malin* ». La question du diable, si j'ose ainsi dire, tient une place considérable dans l'œuvre de Dostoïevsky. Certains verront sans doute en lui un manichéen. Nous savons que la doctrine du grand hérésiarque Manès reconnaissait dans ce monde deux principes : celui du bien et celui du mal, principes également actifs, indépendants, également indispensables, — par quoi la doctrine de Manès se rattachait directement à celle de Zarathustra. Nous avons pu voir, et j'y insiste, car c'est là un point des plus importants, que Dostoïevsky fait habiter le diable non point dans la région basse de l'homme, — encore que l'homme entier puisse devenir son gite et sa proie, — tant que dans la région la plus haute, la région intellectuelle, celle du cerveau. Les grandes tentations que le Malin nous présente sont, selon Dostoïevsky, des tentations intellectuelles, des questions. Et je ne pense pas m'écarter beaucoup de mon sujet, en considérant d'abord les questions où s'est exprimée et longtemps attardée la constante angoisse de l'humanité : « Qu'est-ce que l'homme ? D'où vient-il ? Où va-t-il ? Qu'était-il avant sa naissance ? Que devient-il après la mort ? À quelle vérité l'homme peut-il prétendre ? » et même plus exactement : « Qu'est-ce que la vérité ? »

Mais depuis Nietzsche, avec Nietzsche, une nouvelle question s'est soulevée, une question totalement différente des autres... et qui ne s'est point tant greffée sur celles-ci qu'elle ne les bouscule et remplace ; question qui comporte aussi son angoisse, une angoisse qui conduit Nietzsche à la folie. Cette question, c'est : « Que peut l'homme ? Que peut un homme ? » Cette question se double de l'appréhension terrible que l'homme aurait pu être autre chose ; aurait pu davantage, qu'il pourrait davantage encore ; qu'il se repose indignement à la première étape, sans souci de son parachèvement.

Nietzsche fut-il précisément le premier à formuler cette question ? Je n'ose l'affirmer, et sans doute l'étude même de sa formation intellectuelle nous montrera qu'il rencontrait déjà cette question chez les Grecs et chez les Italiens de la Renaissance ; mais, chez ces derniers, cette question trouvait tout aussitôt sa réponse et précipitait l'homme dans un domaine pratique. Cette réponse, ils la cherchaient, ils la trouvaient immédiatement, dans l'action et dans l'œuvre d'art. Je songe à Alexandre et César Borgia, à Frédéric II {celui des Deux-Siciles), à Léonard de Vinci, à Gœthe. Ce furent là des créateurs, des êtres supérieurs. Pour les artistes et pour les hommes d'action, la question du *surhomme* ne se pose pas, ou du moins elle se trouve tout aussitôt résolue. Leur vie même, leur œuvre est une réponse immédiate. L'angoisse commence lorsque la question demeure sans réponse ; ou même dès que la question précède de loin la réponse. Celui qui réfléchit et qui imagine sans agir s'empoisonne, et je vais de nouveau vous citer ici William Blake : « L'homme qui désire, mais n'agit point, engendre la pestilence. » C'est bien de cette pestilence que Nietzsche meurt empoisonné.

« Que peut un homme ? » Cette question, c'est proprement la question de l'athée, et Dostoïevsky l'a admirablement compris : c'est la négation de Dieu qui fatalement entraîne l'affirmation de l'homme :

« Il n'y a pas de Dieu ? Mais alors…, alors tout est permis. » Nous lisons ces mots dans les *Possédés*. Nous les retrouverons dans *les Karamazov*.

Si Dieu existe, tout dépend de lui, et je ne puis rien en dehors de sa volonté. S'il n'existe pas, tout dépend de moi, et je suis tenu d'affirmer mon indépendance[8].

Comment affirmer son indépendance ? Ici l'angoisse commence. Tout est permis. Mais quoi ? Que peut un homme ?

Chaque fois que dans les livres de Dostoïevsky nous voyons un de ses héros se poser cette question, nous pouvons être assurés que peu de temps après, nous assisterons à sa banqueroute. Nous voyons d'abord Raskolnikoff : c'est chez lui que cette idée pour la première fois se dessine ; cette idée, qui, chez Nietzsche, devient celle du surhomme. Raskolnikoff est l'auteur d'un article tant soit peu subversif où il expose que :

> Les hommes sont divisés en *ordinaires* et *extraordinaires* : les premiers doivent vivre dans l'obéissance, et n'ont pas le droit de violer la loi, attendu qu'ils sont des hommes ordinaires. Les seconds ont le droit de commettre tous les crimes et de transgresser toutes les lois, pour cette raison que ce sont des hommes extraordinaires.

C'est ainsi du moins que Porphyre croit pouvoir résumer l'article.

> Ce n'est pas tout à fait cela, commença Raskolnikoff d'un ton simple et modeste. J'avoue du reste que vous avez reproduit à peu près exactement ma pensée ; si vous voulez, je dirai même très exactement... (il prononça ces mots avec un certain plaisir), seulement je n'ai pas dit, comme vous me le faites dire, que les gens extraordinaires sont absolument tenus de commettre toujours toutes sortes d'actions criminelles. Je crois même que la censure n'aurait pas laissé paraître un article écrit dans ce sens. Voici tout bonnement ce que j'ai avancé : « L'homme extraordinaire a le droit d'autoriser sa conscience à franchir certains obstacles dans le cas seulement où l'exige la réalisation de son idée, laquelle peut être parfois utile à tout le genre humain. »

. . . .

> Dans la suite de mon article, j'insiste, je m'en souviens, sur cette idée que tous les législateurs et les guides de l'humanité, en commençant par les plus anciens, que tous sans exception étaient des criminels, car en donnant de

nouvelles lois, ils ont pour cela même violé les anciennes, observées fidèlement par la société et transmises par les ancêtres.

Il est même à remarquer que presque tous ces bienfaiteurs et ces guides de l'espèce humaine ont été terriblement sanguinaires. En conséquence, non seulement tous les grands hommes, mais tous ceux qui s'élèvent tant soit peu au-dessus du niveau commun, qui sont capables de dire quelque chose de nouveau, doivent, en vertu de leur nature propre, être nécessairement des criminels, plus ou moins, bien entendu. Autrement, il leur serait difficile de sortir de l'ornière ; quant à y rester, ils ne peuvent certainement pas y consentir et, à mon avis, leur devoir même le leur défend[9].

« Une même loi pour le lion et pour le bœuf, c'est oppression », lisons-nous dans Blake.

Mais le seul fait que Raskolnikoff se pose la question, au lieu de la résoudre simplement en agissant, nous montre qu'il n'est pas vraiment un surhomme. Sa faillite est complète. Il ne se délivre pas un instant de la conscience de sa médiocrité. C'est pour se prouver à lui-même qu'il est un surhomme qu'il se pousse au crime.

Tout est là, se répète-t-il. Il suffit d'oser. Du jour où cette vérité m'est apparue, claire comme le soleil, j'ai voulu oser et j'ai tué. J'ai voulu simplement faire acte d'audace[10].

Et plus tard, après le crime :

Si c'était à refaire, ajoute-t-il, peut-être ne recommencerais-je pas. Mais alors, il me tardait de savoir si j'étais un être abject comme les autres ou un homme dans la vraie acception du mot ; si j'avais ou non en moi la force de franchir l'obstacle, si j'étais une créature tremblante ou si à j'avais le droit[11].

Du reste, il n'accepte pas l'idée de sa propre faillite. Il n'accepte pas d'avoir eu tort d'oser.

C'est parce que j'ai échoué que je suis un misérable ! Si j'avais réussi, on me tresserait des couronnes, tandis qu'à présent, je ne suis plus bon qu'à jeter aux chiens[12].

Après Raskolnikoff, ce sera Stavroguine ou Kiriloff, Ivan Karamazov ou *l'Adolescent*.

La faillite de chacun de ses héros intellectuels tient également à ceci, que Dostoïevsky considère l'homme d'intelligence comme à peu près incapable d'action.

Dans *l'Esprit souterrain*, ce petit livre qu'il écrivait peu avant *l'Éternel Mari*, et qui me semble marquer le point culminant de sa carrière, qui est comme la clé de voûte de son œuvre, ou, si vous le préférez, qui donne la clé de sa pensée, nous verrons toutes les faces de cette idée : « Celui qui pense n'agit point… » et de là à prétendre que l'action présuppose certaine médiocrité intellectuelle, il n'y a qu'un pas.

Ce petit livre, *l'Esprit souterrain*, n'est d'un bout à l'autre qu'un monologue, et vraiment il me paraît un peu hardi d'affirmer, comme le faisait récemment notre ami Valery Larbaud, que James Joyce, l'auteur d'*Ulysse*, est l'inventeur de cette forme de récit. C'est oublier Dostoïevsky, Poe même ; c'est oublier surtout Browning, à qui je ne puis me retenir de penser lorsque je relis *l'Esprit souterrain*. Il me paraît que Browning et Dostoïevsky amènent du premier coup le monologue à toute la perfection diverse et subtile que cette forme littéraire pouvait atteindre.

J'étonne peut-être certains lettrés en rapprochant ainsi ces deux noms ; mais il est impossible de ne pas le faire, — de n'être point frappé par la profonde ressemblance, non seulement dans la forme, mais dans l'étoffe même, — entre certains monologues de Browning (et je pense en particulier à *My last duchess*, *Porphyria's lover*, et surtout peut-être aux deux dépositions du mari de Pompilia dans *The Ring and the Book*), d'une part, et d'autre part à l'admirable petit récit de Dostoïevsky qui dans le *Journal d'un écrivain*, a nom *Krotkaïa* (c'est-à-dire, je crois, « la timide », titre sous lequel il figure dans la dernière traduction de cet ouvrage). Mais plus encore que la forme et que la manière de leur œuvre, ce qui me fait rapprocher Browning de Dostoïevsky, je crois que c'est leur optimisme — un optimisme qui n'a que bien peu de chose à voir avec celui de Gœthe, mais qui les rapproche tous deux également de Nietzsche et du grand William Blake, dont il faut que je vous parle encore.

Oui, Nietzsche, Dostoïevsky, Browning et Blake sont bien quatre étoiles de la même constellation. J'ai longtemps ignoré Blake, mais lorsque enfin, tout récemment, j'ai fait sa découverte, il m'a semblé reconnaître aussitôt en lui la quatrième roue du « Chariot » ; et, de même qu'un astronome peut longtemps, avant de le voir, sentir l'influence d'un astre et déterminer sa position, je puis dire que, depuis longtemps, je pressentais Blake. Est-ce à dire que son influence ait été considérable ? Non, tout au contraire, je ne sache pas qu'il en ait exercé aucune. En Angleterre même, Blake est demeuré, jusqu'à ces temps derniers, à peu près inconnu. C'est une étoile très pure et très lointaine, dont les rayons commencent seulement à nous atteindre.

Son œuvre, la plus significative, *le Mariage du Ciel et de l'Enfer*, dont je vous citerai quelques passages, nous permettra, il me semble, de comprendre mieux certains traits de Dostoïevsky.

Cette phrase de lui que je citais dernièrement — de ses « Proverbes de l'Enfer » comme il appelle certains de ses apophtegmes : « Le désir, non suivi d'action engendre la pestilence, pourrait servir d'épigraphe à *l'Esprit souterrain* de Dostoïevsky, ou cet autre : « N'attends que du poison des eaux dormantes. »

« L'homme d'action du dix-neuvième siècle est un individu sans caractère », déclare le héros — si j'ose l'appeler ainsi — de *l'Esprit souterrain*. L'homme d'action, selon Dostoïevsky, doit être un esprit médiocre, car l'esprit altier est empêché d'agir lui-même ; il verra dans l'action une compromission, une limitation de sa pensée ; celui qui agira, ce sera, sous l'impression du premier, un Pierre Stepanovitch, un Smerdiakoff (dans *Crime et châtiment*, Dostoïevsky n'avait pas encore établi cette division entre le penseur et l'acteur).

L'esprit n'agit point, il fait agir ; et nous retrouvons dans plusieurs romans de Dostoïevsky cette singulière répartition des rôles, cet inquiétant rapport, cette connivence secrète : qui s'établit entre un être pensant et celui qui, sous l'inspiration du premier, et comme à sa place, agira. Souvenez-vous d'Ivan Karamazov et de Smerdiakoff, de Stavroguine et de Pierre Stépanovitch, celui que Stavorguine appelle : son « singe ».

N'est-il pas curieux de trouver une première version pour ainsi dire des singuliers rapports du penseur Ivan et du laquais Smerdiakoff des *Frères Karamazov* — ce dernier livre de Dostoïevsky, — dans *Crime et châtiment*, le premier de ses grands romans. Il nous y est parlé d'un certain Philca, domestique de Svidrigaïloff, qui se pend, pour échapper, non pas aux coups de son maître, mais à ses railleries. « C'était, nous est-il dit, un hypocondriaque », une sorte de domestique philosophe... « Ses camarades prétendaient que la lecture lui avait troublé l'esprit[13]. »

Il y a chez tous ces subalternes, ces « singes », ces laquais, chez tous ces êtres qui agiront à la place de l'intellectuel, un amour, une dévotion, pour la supériorité diabolique de l'esprit. Le prestige dont jouit Stavroguine, aux yeux de Pierre Stépanovitch, est extrême ; extrême également le mépris de l'intellectuel pour cet inférieur.

> Voulez-vous que je vous dise toute la vérité ? dit Pierre Stepanovitch à Stavroguine. Voyez-vous, cette idée s'est bien offerte un instant à mon esprit (cette idée c'est un assassinat abominable). Vous-même vous me l'aviez suggérée, sans y attacher d'importance, il est vrai, et seulement pour me taquiner, car vous ne me l'auriez pas suggérée sérieusement[14].

. . . .

Dans le feu de la conversation, Pierre Stépanovitch se rapprocha de Stavroguine et le saisit par le revers de la redingote (peut-être le fit-il exprès), mais un coup violent, appliqué sur son bras, l'obligea à lâcher prise.

— Eh bien ! qu'est-ce que vous faites ? Prenez garde, vous allez me casser le bras[15].

(Ivan Karamazoff aura des brutalités semblables vis-à-vis de Smerdiakoff.)

Et plus loin :

Nicolas Vsévolodovitch, parlez comme vous parleriez devant Dieu : êtes-vous coupable, oui ou non ? Je le jure, je croirai à votre parole, comme à celle de Dieu, et je vous accompagnerai jusqu'au bout du monde, oh ! oui, j'irai partout avec vous ! Je vous suivrai comme un chien[16]…

Et enfin :

— Je suis un bouffon, Je le sais, mais je ne veux pas que vous, la meilleure partie de moi-même, vous en soyez un[17] !

L'être intellectuel est heureux de dominer l'autre, mais tout à la fois il reste exaspéré par cet autre, qui lui présente dans son action maladroite comme une caricature de sa propre pensée.

La correspondance de Dostoïevsky nous renseigne sur l'élaboration de ses œuvres, et en particulier sur celle des *Possédés*, ce livre extraordinaire que je tiens, pour ma part, pour le plus puissant, le plus admirable du grand romancier. Nous assistons ici à un phénomène littéraire bien singulier. Le livre que Dostoïevsky prétendait écrire était assez différent de celui que nous avons. Tandis qu'il le composait, un nouveau personnage, auquel il n'avait presque pas pensé tout d'abord, s'imposa à son esprit, prit peu à peu la première place et en délogea celui qui d'abord devait être le principal héros. « Jamais aucune œuvre ne m'a coûté plus de peine, » écrit-il de Dresde, en octobre 1870[18] :

Au commencement, c'est-à-dire vers la fin de l'été dernier, je considérais cette chose comme étudiée, composée, je la regardais avec hauteur. Ensuite, m'est venue la véritable inspiration et, soudain, je l'ai aimée, cette œuvre, je l'ai saisie des deux mains, et je me suis mis à biffer ce que j'avais d'abord écrit. Cet été, un autre changement est survenu, un nouveau personnage a surgi avec la prétention de devenir le héros véritable du roman, de sorte que le premier héros a dû se retirer au second plan. C'était un personnage intéressant, mais qui ne méritait pas réellement le nom de héros. Le nouveau m'a tellement ravi, que je me suis mis encore une fois à refaire toute mon œuvre. (*Correspondance*, p. 384.)

Ce nouveau personnage auquel il donne à présent toute son attention, c'est Stavroguine, la plus étrange peut-être et la plus terrifiante création de Dostoïevsky. Stavroguine s'expliquera lui-même vers la fin du livre. Il est bien rare que chaque personnage de Dostoïevsky ne donne pas, à un moment ou à un autre, et souvent — de la manière la plus inattendue, la clé pour ainsi dire de son caractère, dans quelque phrase qui tout à coup lui échappe. Voici donc ce que Stavroguine dira de lui-même :

> Rien ne m'attache à la Russie, où, comme partout, je me sens étranger. À la vérité ici (en Suisse) plus qu'en aucun endroit, j'ai trouvé la vie insupportable, mais même ici, je n'ai rien pu détester. J'ai mis pourtant ma force à l'épreuve. Vous m'aviez conseillé de faire cela (pour apprendre à me connaître). Dans ces expériences, dans toute ma vie précédente, je me suis révélé immensément fort. Mais à quoi appliquer cette force ? Voici ce que je n'ai jamais su, ce que je ne sais pas encore. Je puis comme je l'ai toujours pu, éprouver le désir de faire une bonne action, et j'en ressens du plaisir. À côté de cela, je désire aussi faire le mal, et j'en ressens également de la satisfaction[19].

Nous reviendrons, dans ma dernière causerie, sur le premier point de cette déclaration, si importante aux yeux de Dostoïevsky : l'absence d'attache de Stavroguine avec son pays. Considérons seulement aujourd'hui cette double attirance qui écartèle Stavroguine :

> Il y a dans tout homme, disait Baudelaire, deux postulations simultanées : l'une vers Dieu, l'autre vers Satan.

Au fond, ce que chérit Stavroguine, c'est l'énergie. Nous demanderons à William Blake l'explication de ce mystérieux caractère. « L'Énergie est la seule vie. L'Énergie, c'est l'éternel délice », disait Blake.

Écoutez encore ces quelques *proverbes* : « Le chemin de l'excès mène au palais de la sagesse », ou encore : « Si le fou persévérait dans sa folie, il deviendrait sage », et cet autre : « Celui-là seul connaît la suffisance qui d'abord a connu l'excès. » Cette glorification de l'énergie prend chez Blake les formes les plus diverses : « Le rugissement du lion, le hurlement des loups, le soulèvement de la mer en furie et le glaive destructeur sont des morceaux d'éternité trop énormes pour l'œil des hommes. »

Lisons encore ceci : « Citerne contient, fontaine déborde », et : « Les tigres de la colère sont plus sages que les chevaux du savoir » ; et enfin cette pensée par laquelle s'ouvre son livre *Du Ciel et de l'Enfer,* et que Dostoïevsky semble s'être appropriée sans la connaître : « Sans contraires, il n'y a pas de progrès : Attraction et répulsion, raison et énergie, amour et haine, sont également nécessaires à l'existence humaine. » Et plus loin : « Il y a et il y aura toujours sur la terre ces deux postulations contraires qui seront toujours ennemies. Essayer de les réconcilier, c'est s'efforcer de détruire l'existence. »

À ces *Proverbes de l'Enfer* de William Blake, je voudrais en ajouter deux autres de mon cru : « C'est avec les beaux sentiments que l'on fait la mauvaise littérature : », et : « Il n'y a pas d'œuvre d'art sans collaboration du démon. » Oui, vraiment, toute œuvre d'art est un lieu de contact, ou, si vous préférez, est un anneau de mariage du ciel et de l'enfer ; et William Blake nous dira : « La raison pour laquelle Milton écrivait dans la gêne lorsqu'il peignait Dieu et les anges, la raison pour laquelle il écrivait dans la liberté lorsqu'il peignait les démons et l'enfer, c'est qu'il était un vrai poète et du parti du diable, sans le savoir. »

Dostoïevsky a été tourmenté toute sa vie à la fois par l'horreur du mal et par l'idée de la nécessité du mal (et par le mal, j'entends également la souffrance). Je songe, en le lisant, à la parabole du Maître du Champ : « Si tu veux, lui dit un serviteur, nous irons arracher la mauvaise herbe. — Non ! répond le Maître, laissez, avec le bon grain, et jusqu'au jour de la moisson, croître l'ivraie. »

Je me souviens qu'ayant eu l'occasion de rencontrer, il y a plus de deux ans, Walter Rathenau, qui vint me retrouver en pays neutre et passa deux jours avec moi, je l'interrogeai sur les événements contemporains et lui demandai en particulier ce qu'il pensait du bolchevisme et de la révolution russe. Il me répondit que naturellement, il souffrait de toutes les abominations commises par les révolutionnaires, qu'il trouvait cela épouvantable… « Mais, croyez-moi, dit-il : un peuple n'arrive à prendre conscience de lui-même et pareillement un individu ne peut prendre conscience de son âme qu'en plongeant dans la souffrance, et dans *l'abîme du péché*. »

Et il ajouta : « C'est pour n'avoir consenti ni à la souffrance ni au péché que l'Amérique n'a pas d'âme. »

Et c'est ce qui me faisait vous dire, lorsque nous voyons le starets Zossima se prosterner devant Dmitri, Raskolnikoff se prosterner devant Sonia, que ce n'est pas seulement devant la souffrance humaine qu'ils s'inclinent ; c'est aussi devant le péché.

Ne nous méprenons pas sur la pensée de Dostoïevsky. Encore une fois, si la question du surhomme est nettement posée par lui ; si nous la voyons sournoisement reparaître dans chacun de ses livres, nous ne voyons triompher profondément que les vérités de l'Évangile. Dostoïevsky ne voit et n'imagine le salut que dans le renoncement de l'individu à lui-même ; mais, d'autre part, il nous donne à entendre que l'homme n'est jamais plus près de Dieu que lorsqu'il atteint l'extrémité de sa détresse. C'est alors seulement que jaillira ce cri : « Seigneur, à qui irions-nous ! tu as les paroles de la vie éternelle. »

Il sait que, ce cri, ce n'est pas de l'honnête homme qu'on peut l'attendre, de celui qui a toujours su où aller, de celui qui se croit en règle envers soi-même et envers Dieu, mais bien de celui qui *ne sait plus où aller !* « Comprenez-vous ce que cela veut dire, disait Marmeladoff à Raskolnikoff. Comprenez-vous ce que signifient ces mots : n'avoir plus où aller ? Non, vous ne comprenez pas encore cela[20]. » C'est seulement par delà sa détresse et son crime, par delà même le châtiment, c'est seulement après s'être retranché de la société des hommes que Raskolnikoff s'est trouvé en face de l'Évangile.

Il y a sans doute quelque confusion dans tout ce que je vous ai dit aujourd'hui... mais Dostoïevsky en est également responsable : « La culture trace des chemins droits, nous dit Blake, mais les chemins sinueux sans profit sont ceux-là même du génie. »

En tout cas, Dostoïevsky était bien convaincu, comme je le suis aussi, qu'il n'y a aucune confusion dans les vérités évangéliques, — et c'est là l'important.

---

1. ↑ SCHOPENHAUER, *le Monde comme volonté et comme représentation*, t. I, pp. 566 et 567 (traduction de J.-A. CANTACUZÈNE).
2. ↑ *L'Adolescent*, p. 78.
3. ↑ *Ibid.*, p. 145.
4. ↑ *Idiot*, p. 298.
5. ↑ *Possédés*, II, p. 256.
6. ↑ Traduit de l'anglais.
7. ↑ *Les Possédés, I, pp. 257-258.*
8. ↑ *Les Possédés*, II, p. 336.
9. ↑ *Crime et châtiment,* I, pp. 309 et 310. Remarquez ici, en passant, que malgré cette profession, Raskolnikoff est demeuré croyant.

> « — Croyez-vous en Dieu ? Pardonnez-moi cette curiosité.
>
> « — J'y crois, répéta le jeune homme en levant les yeux sur Porphyre.
>
> « — Et... à la résurrection de Lazare ?
>
> « — Oui. Pourquoi me demandez-vous tout cela ?
>
> « — Vous y croyez littéralement ?

« — Littéralement. » (*Crime et châtiment*, I, p. 312.) En quoi Raskolnikoff diffère des autres surhommes de Dostoïevsky.
10. ↑ *Crime et châtiment*, II, p. 163.
11. ↑ *Ibid.*, p. 164.
12. ↑ *Ibid.*, p. 272.
13. ↑ *Crime et châtiment*, II, pp. 10 et 24.
14. ↑ *Possédés*, II, p. 222
15. ↑ *Possédés*, p. 223.
16. ↑ *Ibid.*, p. 230.
17. ↑ *Ibid.*, II, p. 232.
18. ↑ Voir *Correspondance*, p. 283.
19. ↑ *Possédés*.
20. ↑ *Crime et châtiment*, I, p. 20.

VI

Je me sens accablé par le nombre et l'importance des choses qui me restent à vous dire. C'est aussi, vous l'avez bien compris dès le début, que Dostoïevsky ne m'est souvent ici qu'un prétexte pour exprimer mes propres pensées. Je m'en excuserais davantage si je croyais, ce faisant, avoir faussé la pensée de Dostoïevsky, mais non… Tout au plus ai-je, comme les abeilles dont parle Montaigne, cherché dans son œuvre de préférence ce qui convenait à mon miel. Si ressemblant que soit un portrait, il tient toujours du peintre, et presque autant que du modèle. Le modèle est sans doute le plus admirable qui autorise les ressemblances les plus diverses et prête au plus grand nombre de portraits. J'ai tenté celui de Dostoïevsky. Je sens que je n'ai pas épuisé sa ressemblance.

Je suis également accablé par la quantité des retouches que je voudrais apporter à mes causeries précédentes. Je n'en ai point fait une que je n'aie, tout aussitôt après, senti ce que j'avais omis de vous dire, que je m'étais promis de vous dire. C'est ainsi que, samedi dernier, j'aurais voulu vous expliquer comment *c'est avec les beaux sentiments que l'on fait la mauvaise littérature*, et qu'*il n'est point de véritable œuvre d'art où n'entre la collaboration du démon*. Cela, qui me paraît une évidence, peut vous sembler paradoxal, et demande à être un peu expliqué. (J'ai grande horreur des paradoxes, et ne cherche jamais à étonner, mais si je n'avais pas à vous dire des choses tant soit peu nouvelles, je ne chercherais même pas à parler ; et les choses nouvelles paraissent toujours paradoxales.) Pour vous aider à admettre cette dernière vérité, je m'étais proposé d'appeler votre attention sur les deux figures de saint François d'Assise et de l'Angelico. Si ce dernier a pu être un grand artiste, — et je choisis pour l'exemple le plus probant, dans toute l'histoire de l'art, la figure sans doute la plus pure, — c'est que malgré toute sa pureté, son art, pour être ce qu'il est, devait admettre la collaboration du démon. Il n'y a pas d'œuvre d'art sans participation démoniaque. Le saint, ce n'est pas l'Angelico, c'est François d'Assise. Il n'y a pas d'artistes parmi les saints ; il n'y a pas de saints parmi les artistes.

L'œuvre d'art est comparable à une fiole pleine de parfums que n'aurait pas répandus la Madeleine. Et je vous citais à ce propos l'étonnante phrase de Blake : « La raison pour laquelle Milton écrivait dans l'empêchement, lorsqu'il peignait Dieu et les anges, écrivait dans la liberté, lorsqu'il peignait les démons et l'enfer, c'est qu'il était un vrai poète, donc du parti du diable sans le savoir. »

Trois chevilles tendent le métier où se tisse toute œuvre d'art, et ce sont les trois concupiscences dont parlait l'apôtre : « La convoitise des yeux, la convoitise de la chair, et l'orgueil de la vie. » Souvenez-vous du mot de Lacordaire, comme on le félicitait après un admirable sermon qu'il venait de prononcer : « Le diable me l'avait dit avant vous. » Le diable ne lui aurait point dit que son sermon était beau, il n'aurait pas eu du tout à le lui dire, s'il n'avait lui-même collaboré au sermon.

Après avoir cité les vers de l'*Hymne à la joie* de Schiller :

> La beauté, s'écrie Dimitri Karamazov, quelle chose terrible et affreuse ; une chose terrible. C'est là que le diable entre en lutte avec Dieu ; et le champ de bataille, c'est le cœur de l'homme[1].

Aucun artiste sans doute n'a fait dans son œuvre la part du diable aussi belle que Dostoïevsky, sinon Blake précisément, qui disait — et c'est sur cette phrase que s'achève son admirable petit livre, le *Mariage du Ciel et de l'Enfer* :

> Cet ange, qui maintenant est devenu démon, est mon ami particulier : ensemble nous avons souvent lu la Bible dans son sens infernal ou diabolique, celui même qu'y découvrira le monde, s'il se conduit bien.

De même, je me suis rendu compte, aussitôt sorti de cette salle, qu'en vous citant quelques-uns des plus étonnants *Proverbes de l'Enfer* de William Blake, j'avais omis de vous donner lecture intégrale du passage des *Possédés* qui motivait ces citations. Permettez-moi de réparer cet oubli. Au surplus, dans cette page des *Possédés*, vous pourrez admirer la fusion (et la confusion aussi) des divers éléments que je tentais de vous indiquer dans mes conversations précédentes, et tout d'abord : l'optimisme, ce sauvage amour de la vie, — que nous retrouvons dans toute l'œuvre de Dostoïevsky, — de la vie et du monde entier, de « cet immense monde de délices » dont parle Blake, où habite aussi bien le tigre que l'agneau[2].

— Vous aimez les enfants ?

— Je les aime, dit Kiriloff, d'une façon assez indifférente du reste.

— Alors vous aimez aussi la vie ?

— Oui, j'aime aussi la vie. Cela vous étonne ?

— Mais vous êtes décidé à vous brûler la cervelle ?

Nous avons vu de même Dimitri Karamazov prêt à se tuer dans une crise d'optimisme, par pur enthousiasme :

— Eh bien ! Pourquoi mêler deux choses qui sont distinctes l'une de l'autre ? La vie existe et la mort n'existe pas.

. . . .

— Vous paraissez fort heureux, Kiriloff ?

— Je suis fort heureux en effet, reconnut celui-ci du même ton dont il eût fait la réponse la plus ordinaire.

— Mais il n'y a pas encore si longtemps, vous étiez de mauvaise humeur, vous vous êtes fâché contre Lipoutine ?

— Hum ! à présent je ne gronde plus. Alors, je ne savais pas que j'étais heureux... L'homme est malheureux parce qu'il ne connaît pas son bonheur, uniquement pour cela. Celui qui saura qu'il est heureux deviendra tout de suite grand à l'instant même... Tout est bien ; j'ai découvert cela brusquement.

— Et si l'on meurt de faim : et si l'on viole une petite fille, c'est bien aussi ?

— Oui, tout est bien pour quiconque sait que tout est tel.

Ne vous méprenez pas sur cette apparente férocité, que souvent on voit reparaître dans l'œuvre de Dostoïevsky. Elle fait partie du quiétisme, analogue à celui de Blake, de ce quiétisme qui me faisait dire que le christianisme de Dostoïevsky était plus près de l'Asie que de Rome. Encore que cette acceptation de l'énergie chez Dostoïevsky, qui devient même une glorification de l'énergie chez Blake, soit plus occidentale qu'orientale.

Mais Blake et Dostoïevsky sont l'un et l'autre trop éblouis par les vérités de l'Évangile pour ne pas admettre que cette férocité ne soit pas transitoire et le résultat passager d'une sorte d'aveuglement, c'est-à-dire appelée à disparaître.

Et ce serait trahir Blake que de ne vous le présenter que sous son apparence cruelle. En regard de ses terribles *Proverbes de l'Enfer* que je vous citais, je voudrais pouvoir vous lire tel poème de lui, le plus beau peut-être de ses *Chants d'innocence*, — mais comment oser traduire une poésie si fluide, — où il annonce et prédit le temps où la force du lion ne s'emploiera plus qu'à protéger la faiblesse de l'agneau et qu'à veiller sur le troupeau.

De même, poussant un peu plus loin la lecture de cet étonnant dialogue des *Possédés*, nous entendons Kiriloff ajouter :

> Ils ne sont pas bons, puisqu'ils ne savent pas qu'ils le sont. Quand ils l'auront appris, ils ne violeront plus de petites filles. Il faut qu'ils sachent qu'ils sont bons et, instantanément, ils le deviendront tous, jusqu'au dernier[3].

Le dialogue continue, et nous allons voir apparaître cette pensée singulière de l'homme-Dieu.

— Ainsi, vous qui savez cela, vous êtes bon ?

— Oui.

— Là-dessus, du reste, je suis de votre avis, murmura, en fronçant les sourcils, Stavroguine.

— Celui qui apprendra aux hommes qu'ils sont bons, celui-là finira le monde.

— Celui qui le leur a appris, ils l'ont crucifié.

— Il viendra, et son nom sera l'homme-Dieu.

— Le Dieu-homme ?

— L'homme-Dieu ; il y a une différence.

Cette idée de l'homme-Dieu, succédant au Dieu-homme, nous ramène à Nietzsche. Ici encore, je voudrais apporter une retouche à propos de la doctrine du « surhomme » et m'élever contre une opinion trop souvent accréditée, trop légèrement admise ; le surhomme de Nietzsche — et cela nous permettra de le différencier du surhomme entrevu par Raskolnikoff et Kiriloff — s'il a pour devise le : « Soyez dur », si souvent cité, souvent si mal interprété, ce n'est pas contre les autres qu'il exercera cette dureté, c'est contre lui-même. L'humanité qu'il prétend surpasser, c'est la sienne. Je me résume : partant du même problème, Nietzsche et Dostoïevsky proposent à ce problème des solutions différentes, opposées. Nietzsche propose une affirmation de soi, il y voit le but de la vie. Dostoïevsky propose une résignation. Où Nietzsche pressent une apogée, Dostoïevsky ne prévoit qu'une faillite.

J'ai lu ceci dans la lettre d'un infirmier que sa modestie me défend de nommer. C'était au temps le plus obscur de cette guerre ; il ne voyait que souffrances atroces, n'entendait que des paroles de désespoir : « Ah ! si seulement ils savaient offrir leurs souffrances », écrivait-il.

Il y a dans ce cri tant de lumière que je me reprocherais d'y apporter un commentaire. Tout au plus le rapprocherai-je de cette phrase des *Possédés* :

> Quand tu abreuveras la terre de tes larmes, quand tu en feras présent, ta tristesse s'évanouira aussitôt, et tu seras tout consolé[4].

Nous sommes ici bien près de la « résignation totale et douce » de Pascal, qui le faisait s'écrier : « Joie ! joie ! pleurs de joie. »

Cet état de joie que nous retrouvons dans Dostoïevsky, n'est-ce pas celui même que nous propose l'Évangile ; cet état dans lequel nous permet d'entrer ce que le Christ appelait la *nouvelle naissance* ; cette félicité qui ne s'obtient que par le renoncement de ce qui est en nous d'individuel ; car c'est l'attachement à nous-mêmes qui nous retient de plonger dans l'Éternité, d'entrer dans le royaume de Dieu et de participer au sentiment confus de la vie universelle.

Le premier effet de cette nouvelle naissance, c'est de ramener l'homme à l'état premier de l'enfance : « Vous n'entrerez pas dans le royaume de Dieu, si vous ne devenez semblables à des enfants. » Et je vous citais à ce propos cette phrase de La Bruyère : « Les enfants n'ont ni passé, ni avenir, ils vivent dans le présent », ce que l'homme ne sait plus faire.

« Dans ce moment, disait Muichkine à Rogojine, il me semble que je comprends le mot extraordinaire de l'apôtre : « Il n'y aura plus de temps. »

Cette participation immédiate à la vie éternelle, je vous disais que déjà nous l'enseignait l'Évangile où les mots : « *Et nunc*, dès à présent », reviennent sans cesse. L'état de joie dont nous parle le Christ est un état, non point futur mais immédiat.

— Vous croyez à la vie éternelle dans l'autre monde ?

— Non, mais à la vie éternelle dans celui-ci. Il y a des moments, vous arrivez à des moments où le temps s'arrête tout d'un coup pour faire place à l'éternité.

Et Dostoïevsky, vers la fin des *Possédés*, revient encore sur cet étrange état de félicité où parvient Kiriloff.

Lisons ce passage qui nous permet de pénétrer plus avant dans la pensée de Dostoïevsky et d'aborder une des vérités les plus importantes qui me restent à vous dire[5] :

— Il y a des moments — et cela ne dure que cinq ou six secondes de suite — où vous sentez soudain la présence de l'harmonie éternelle. Ce phénomène n'est ni terrestre, ni céleste, mais c'est quelque chose que l'homme, sous son enveloppe terrestre, ne peut supporter. Il faut se transformer physiquement ou mourir. C'est un sentiment clair et indiscutable. Il vous semble tout à coup être en contact avec toute la nature, et vous dites : « Oui, cela est vrai. Quand Dieu a créé le monde, il a dit à la fin de chaque jour de la création : « Oui, cela est vrai, cela est bon. » C'est... ce n'est pas de l'attendrissement, c'est de la joie. Vous ne pardonnez rien, parce qu'il n'y a plus rien à pardonner. Vous n'aimez pas non plus, oh ! ce sentiment est supérieur à l'amour ! Le plus terrible, c'est l'effrayante netteté avec laquelle il s'accuse, et la joie dont il vous remplit. Si cet état dure plus de cinq secondes, l'âme ne peut y résister et doit disparaître. Durant ces cinq secondes, je vis toute une existence humaine, et pour elle, je donnerais toute ma vie, car ce ne serait pas les payer trop cher. Pour supporter cela pendant dix secondes, il faut se transformer physiquement. Je crois que l'homme doit cesser d'engendrer. Pourquoi des enfants, pourquoi le développement si le but est atteint ?

— Kiriloff, est-ce que cela vous prend souvent ?

— Une fois tous les trois jours, une fois par semaine.

— Vous n'êtes pas épileptique ?

— Non.

— Alors, vous le deviendrez. Prenez garde, Kiriloff, j'ai entendu dire que c'est précisément ainsi que cela commence. Un homme sujet à cette maladie m'a fait la description détaillée de la sensation qui précède l'accès, et, en vous écoutant, je croyais l'entendre. Lui aussi m'a parlé des cinq secondes, et m'a dit qu'il était impossible de supporter plus longtemps cet état. Rappelez-vous la cruche de Mahomet : pendant qu'elle se vidait, le prophète chevauchait dans le paradis. La cruche, ce sont les cinq secondes ; le paradis c'est votre harmonie, et Mahomet était épileptique. Prenez garde de le devenir aussi, Kiriloff.

— Je n'en aurais pas le temps, répondit l'ingénieur, avec un sourire tranquille.

Dans *l'Idiot,* nous entendons également le prince Muichkine, qui lui aussi connaît cet état d'euphorie, le rattacher aux crises d'épilepsie dont il souffre.

Ainsi donc Muichkine est épileptique ; Kiriloff est épileptique ; Smerdiakoff est épileptique. Il y a un épileptique dans chacun des grands livres de Dostoïevsky : épileptique, nous savons que Dostoïevsky l'était lui-même, et l'insistance qu'il met à faire intervenir l'épilepsie dans ses romans nous éclaire suffisamment sur le rôle qu'il attribuait à la maladie dans la formation de son éthique, dans la courbe de ses pensées.

À l'origine de chaque grande réforme morale, si nous cherchons bien, nous trouverons toujours un petit mystère physiologique, une insatisfaction de la chair, une inquiétude, une anomalie. Ici, je m'excuse de me citer moi-même, mais, sans remployer les mêmes mots, je ne pourrais vous dire la même chose avec autant de netteté[6].

Il est naturel que toute grande réforme morale, ce que Nietzsche appellerait toute transmutation de valeurs, soit due à un déséquilibre physiologique. Dans le bien-être, la pensée se repose, et, tant que l'état de choses la satisfait, la pensée ne peut se proposer de le changer (j'entends l'état intérieur, car pour l'extérieur ou social, le mobile du réformateur est tout autre ; les premiers sont des chimistes, les seconds des mécaniciens). À l'origine d'une réforme, il y a toujours un malaise ; le malaise dont souffre le réformateur est celui d'un déséquilibre intérieur. Les densités, les positions, les valeurs morales lui sont proposées différentes, et le réformateur travaille à les réaccorder : il aspire à un nouvel équilibre ; son œuvre n'est qu'un essai de réorganisation selon sa raison, sa logique, du désordre qu'il sent en lui ; car l'état d'inordination lui est intolérable. Et, je ne dis pas naturellement qu'il suffise d'être déséquilibré pour devenir réformateur, mais bien que tout réformateur est d'abord un déséquilibré.

Je ne sache pas qu'on puisse trouver un seul réformateur, de ceux qui proposèrent à l'humanité de nouvelles évaluations, en qui l'on ne puisse découvrir ce que M. Binet-Sanglé appellerait une tare[Z].

Mahomet était épileptique, épileptiques les prophètes d'Israël ; et Luther, et Dostoïevsky. Socrate avait son démon, saint Paul la mystérieuse « écharde dans la chair », Pascal son gouffre, Nietzsche et Rousseau leur folie.

Ici, j'entends ce que l'on pourrait dire « Ce n'est pas neuf. C'est proprement la théorie de Lombroso ou de Nordau : le génie est une névrose. » Non, non ; ne me comprenez pas trop vite, et permettez-moi d'insister sur ce point qui me paraît d'une extraordinaire importance :

Il y a des génies parfaitement bien portants, comme Victor Hugo, par exemple : l'équilibre intérieur dont il jouit ne lui propose aucun nouveau problème. Rousseau, sans sa folie, ne serait sans doute qu'un indigeste Cicéron. Qu'on ne vienne pas nous dire : « Quel dommage qu'il soit malade ! » S'il n'était pas malade, il n'aurait point cherché à résoudre ce problème que lui proposait son anomalie, à retrouver une harmonie qui n'exclue pas sa dissonance. Certes, il y a des réformateurs bien portants ; mais ce sont des législateurs. Celui qui jouit d'un parfait équilibre intérieur peut bien apporter des réformes, mais ce sont des réformes extérieures à l'homme : il établit des codes. L'autre, l'anormal, tout au contraire échappe aux codes préalablement établis.

Instruit par son propre cas, Dostoïevsky va supposer un état maladif qui, pour un temps, apporte avec lui et suggère à tel de ses personnages une formule de vie différente. En l'espèce, nous avons affaire à Kiriloff, ce personnage des *Possédés* sur lequel repose toute l'intrigue du roman. Nous savons que Kiriloff va se tuer, non point qu'il doive se tuer tout de suite, mais il a l'intention de se tuer. Pourquoi ? C'est ce que nous n'apprendrons que vers la fin du livre.

— Votre idée de vous donner la mort est une fantaisie à laquelle je ne comprends rien lui dira Pierre Stépanovitch, et ce n'est pas moi qui vous l'ai fourrée dans la tête[8] ; vous aviez déjà formé ce projet avant d'entrer en rapport avec moi et, quand vous en avez parlé pour la première fois, ce n'est pas à moi, mais à nos coreligionnaires politiques réfugiés à l'étranger. Remarquez en outre qu'aucun d'eux n'a rien fait pour provoquer de votre part une semblable confidence ; aucun d'eux même ne vous connaissait. C'est vous-même, qui, de votre propre mouvement, êtes allé leur faire part de la chose. Eh bien ! que faire, si prenant en considération votre offre spontanée, on a alors fondé là-dessus, avec votre consentement, — notez ce point, — un certain plan d'action qu'il n'y a plus maintenant moyen de modifier.

Le suicide de Kiriloff est un acte absolument gratuit, je veux dire que sa motivation n'est point extérieure. Tout ce que l'on peut faire entrer d'absurde dans ce monde, à la faveur et à l'abri d'un « acte gratuit », c'est ce que nous allons voir.

Depuis que Kiriloff a pris cette résolution de se tuer, tout lui est devenu indifférent ; singulier état d'esprit dans lequel il se trouve, qui permet et qui motive son suicide et (car cet acte, pour être gratuit, n'est pourtant point immotivé) le laisse indifférent à l'imputation d'un crime que d'autres commettront et qu'il acceptera d'endosser ; c'est du moins ce que pense Pierre Stépanovitch.

Pierre Stépanovitch, pense, par ce crime qu'il projette, lier des conjurés à la tête desquels il s'est mis, mais dont il sent que la dénomination lui échappe. Il estime que chacun des conjurés ayant participé au crime se sentira complice, qu'aucun d'eux ne pourra, n'osera se dégager. — Qui va-t-on tuer ?

Pierre Stépanovitch hésite encore. — Il importe que la victime se désigne elle-même.

Les conjurés sont réunis dans une salle commune ; et au cours de leur conversation, une question se pose : « Se peut-il que, parmi nous, il y ait en ce moment un mouchard ? » Une agitation extraordinaire suit ces paroles ; tout le monde se met à parler en même temps.

— Messieurs, s'il en est ainsi, poursuit Pierre Stépanovitch, je me suis plus compromis qu'aucun autre, par conséquent, je vous prie de répondre à une question — si vous le voulez bien, s'entend. Vous êtes parfaitement libres !

— Quelle question, quelle question ? cria-t-on de toute part.

— Une question après laquelle on saura si nous devons rester ensemble ou prendre silencieusement nos chapkas et aller chacun de notre côté.

— La question, la question ?

— Si l'un de vous avait connaissance d'un assassinat politique projeté, irait-il le dénoncer, prévoyant toutes les conséquences, ou bien resterait-il chez lui à attendre les événements ? Sur ce point, les manières de voir peuvent être différentes. La réponse à cette question dira clairement si nous devons nous séparer, ou rester ensemble et pas seulement durant cette soirée[9].

Et Pierre Stépanovitch commence à interroger en particulier plusieurs des membres de cette société secrète. On l'interrompt.

— Inutile de questionner, tous répondront de même, il n'y a pas ici de délateur !

— Pourquoi ce monsieur se lève-t-il ? crie une étudiante.

— C'est Chatoff. Pourquoi vous êtes-vous levé ? demanda Mme Virguinsky.

Chatoff s'était levé, en effet. Il tenait sa chapka à la main et regardait Verkhovensky. On aurait dit qu'il voulait lui parler, mais qu'il résitait. Son visage était pâle et irrité. Il se contint toutefois, et, sans proférer un mot, se dirigea vers la porte.

— Cela ne sera pas avantageux pour vous, Chatoff ! lui cria Pierre Stépanovitch.

Chatoff s'arrêta un instant sur le seuil :

— En revanche, un lâche et un espion comme toi en fera son profit ! vociféra-t-il en réponse à cette menace obscure ; après quoi il sortit.

Ce furent de nouveaux cris et des exclamations.

— L'épreuve est faite[10].

Celui que l'on doit tuer se désigne ainsi lui-même. Il s'agit de se hâter : le meurtre de Chatoff doit prévenir sa dénonciation.

Admirons ici l'art de Dostoïevsky, car entraîné à vous parler sans cesse de ses pensées, je me reproche d'avoir laissé trop de côté l'art admirable avec lequel il les expose.

Il se passe, à ce moment du livre, quelque chose de prodigieux, qui soulève un problème d'art particulier. On va répétant qu'à partir d'un certain moment de l'action, rien n'en doit plus distraire : l'action se précipite et doit aller tout droit au but. Eh bien ! c'est précisément à ce moment — celui où l'action est engagée sur la pente la plus rapide — que Dostoïevsky imagine les interruptions les plus déconcertantes. Il sent que l'attention du lecteur est à ce point tendue, que tout, à ce moment, prendra une excessive importance. Il ne craindra donc pas de distraire de l'action principale par des crochets subits, où ses pensées les plus secrètes se trouveront mises en valeur. Le soir même où Chatoff va dénoncer ou être assassiné, sa femme qu'il n'a pas revue depuis des années, arrive brusquement chez lui. Elle est près d'accoucher, mais Kiriloff ne se rend d'abord point compte de son état.

Imparfaitement traitée, cette scène pourrait être grotesque. C'est une des plus belles du livre. Elle forme ce que l'on appellerait, en argot de théâtre, une « utilité », en littérature, une « cheville » ; mais c'est précisément ici que l'art de Dostoïevsky se montre le plus admirable. Il pourrait dire avec Poussin : « Je n'ai jamais rien négligé. » C'est à cela même que se reconnaît le grand artiste ; il tire parti de tout, et fait de chaque inconvénient un avantage. L'action devait être ici ralentie. Tout ce qui s'oppose à sa précipitation devient de la plus haute importance. Le chapitre où Dostoïevsky nous raconte l'arrivée inopinée de la femme de Chatoff, le dialogue des deux époux, l'intervention de Kiriloff, et la brusque intimité qui s'établit entre ces deux hommes, tout cela forme un des plus beaux chapitres du livre. Nous y admirons de nouveau cette absence de jalousie, dont je vous parlais précédemment. Chatoff sait que sa femme est enceinte, mais du père de cet enfant qu'elle attend, il n'est même pas question. Chatoff est tout éperdu d'amour pour cette créature qui souffre et qui ne trouve à lui dire que des paroles blessantes.

Or, cette circonstance seule sauve les coquins de la dénonciation qui les menaçait et leur permit de se débarrasser de leur ennemi. Le retour de Marie, en changeant le cours des préoccupations de Chatoff, lui ôta cette sagacité et sa prudence accoutumée. Il eut dès lors bien autre chose en tête que sa sécurité personnelle[11].

Revenons à Kiriloff : le moment est venu où Pierre Stépanovitch compte profiter de son suicide. Quelle raison Kiriloff a-t-il de se tuer ? Pierre Stépanovitch l'interroge. Il ne comprend pas bien. Il tâtonne. Il voudrait comprendre. Il a peur qu'au dernier moment, Kiriloff ne change d'idée, ne lui échappe... Mais non.

Je ne remettrai pas à plus tard, dit Kiriloff, c'est maintenant même que je veux me donner la mort.

Le dialogue entre Pierre Stépanovitch et Kiriloff reste particulièrement mystérieux. Il est resté très mystérieux dans la pensée même de Dostoïevsky. Encore une fois, Dostoïevsky n'exprime jamais ses idées à l'état pur, mais toujours en fonction de ceux qui parlent, de ceux à qui il les prête, et qui en sont les interprètes. Kiriloff est dans un état morbide des plus étranges. Il va se tuer dans quelques minutes, et ses propos sont brusques, incohérents ; c'est à nous de démêler, au travers, la pensée même de Dostoïevsky.

L'idée qui pousse Kiriloff au suicide est une idée d'ordre mystique, que Pierre est incapable de comprendre.

Si Dieu existe, tout dépend de lui, et je ne puis rien en dehors de sa volonté. S'il n'existe pas, tout dépend de moi, et je suis tenu d'affirmer mon indépendance... C'est en me tuant que j'affirmerai mon indépendance de la façon la plus complète. Je suis tenu de me brûler la cervelle.

Et encore :

— Dieu est nécessaire, et par conséquent doit exister.

— Allons, très bien, dit Pierre Stépanovitch, qui n'a qu'une idée : c'est d'encourager Kiriloff.

— Mais je sais qu'il n'existe pas et qu'il ne peut exister.

— C'est encore plus vrai.

— Comment ne comprends-tu pas qu'avec ces deux idées, il est impossible à l'homme de continuer à vivre ?

— Il doit se brûler la cervelle, n'est-ce pas ?

— Comment ne comprends-tu pas que c'est là une raison suffisante pour se tuer...

. . . .

— Mais vous ne serez pas le premier qui se sera tué ; bien des gens se sont suicidés.

— Ils avaient des raisons. Mais d'hommes qui se soient tués sans aucun motif et uniquement pour attester leur indépendance, il n'y en a pas encore eu : je serai le premier.

« Il ne se tuera pas », pensa de nouveau Pierre Stépanovitch.

— Savez-vous une chose ? observa-t-il d'un ton agacé, à votre place, pour manifester mon indépendance, je tuerais un autre que moi. Vous pourriez de la sorte vous rendre utile. Je vous indiquerai quelqu'un, si vous n'avez pas peur[12].

Et il songe, un instant, dans le cas où Kiriloff reculerait devant le suicide, à lvi faire commettre le meurtre de Chatoff, au lieu de le lui faire simplement endosser.

— Alors, soit, ne vous brûlez pas la cervelle aujourd'hui. Il y a moyen de s'arranger.

— Tuer un autre, ce serait manifester mon indépendance sous la forme la plus basse, et tu es là tout entier. Je ne te ressemble pas : je veux atteindre le point culminant de l'indépendance et me tuerai[13].

…Je suis tenu d'affirmer mon incrédulité, poursuivit Kiriloff en marchant à grands pas dans la chambre. — À mes yeux, il n'y a pas de plus haute idée que la négation de Dieu. J'ai pour moi l'histoire de l'humanité. L'homme n'a fait qu'inventer Dieu pour vivre sans se tuer ; voilà le résumé de l'histoire universelle jusqu'à ce moment. Le premier dans l'histoire du monde, j'ai repoussé la fiction de l'existence de Dieu.

N'oublions pas que Dostoïevsky est parfaitement chrétien. Ce qu'il nous montre dans l'affirmation de Kiriloff, c'est de nouveau une banqueroute. Dostoïevsky ne voit de salut, nous l'avons dit, que dans le renoncement. Mais une nouvelle idée vient se greffer, je vous citerai de nouveau un *Proverbe de l'Enfer,* de Blake : « *If others had not been foolish, we should be so.* Si d'autres n'avaient pas été fous, c'est nous qui le serions », ou bien encore : « C'est pour nous permettre de ne plus être fous que d'autres d'abord ont dû l'être. »

Dans la demi-folie de Kiriloff, entre l'idée de sacrifice : « Je commencerai ; j'ouvrirai la porte. »

S'il est nécessaire que Kiriloff soit malade pour avoir de telles idées, — des idées d'ailleurs que Dostoïevsky n'approuve pas toutes, puisque ce sont des idées d'insubordination — ses idées contiennent néanmoins une part de vérité, et s'il est nécessaire que Kiriloff soit malade pour les avoir, c'est aussi bien pour que nous, nous puissions les avoir ensuite, sans être malades.

> Celui-là seul qui est le premier, dit encore Kiriloff, doit absolument se tuer ; sans cela, qui donc commencera et prouvera ? C'est moi qui me tuerai absolument pour commencer et prouver. Je ne suis encore Dieu que par force, et je suis malheureux, car je suis obligé d'affirmer ma liberté. Tous sont malheureux parce que tous ont peur d'affirmer leur liberté. Si l'homme jusqu'à présent a été si malheureux et si pauvre, c'est parce qu'il n'osait pas se montrer libre dans la plus haute acception du mot, et qu'il se contentait d'une insubordination d'écolier.
>
> Mais je manifesterai mon indépendance. Je suis tenu de croire que je ne crois pas. Je commencerai, je finirai et j'ouvrirai la porte. Et je sauverai.
>
> . . . .
>
> J'ai cherché pendant trois ans l'attribut de ma divinité, et je l'ai trouvé ; l'attribut de ma divinité, c'est l'indépendance. C'est tout ce par quoi je puis montrer au plus haut degré mon insubordination, ma nouvelle et terrible liberté, car elle est terrible. Je me tuerai pour affirmer mon insubordination, ma nouvelle et terrible liberté[14].

Si impie que paraisse ici Kiriloff, soyez certains que Dostoïevsky, en imaginant sa figure, reste halluciné par l'idée du Christ, par la nécessité du sacrifice sur la croix, en vue du salut de l'humanité. S'il était nécessaire que le Christ fût sacrifié, n'est-ce pas précisément pour nous permettre à nous, chrétiens, d'être chrétiens, sans mourir de la même mort ? « Sauve-toi toi-même, si tu es Dieu », dit-on au Christ. — « Si je me sauvais moi-même, c'est vous alors qui seriez perdus. C'est pour vous sauver que je me perds, que je fais le sacrifice de ma vie. »

Ces quelques lignes de Dostoïevsky, que je lis dans l'appendice de la traduction française de sa *Correspondance*, jettent sur le personnage de Kiriloff une nouvelle lumière :

> Comprenez-moi bien, le sacrifice volontaire, en pleine conscience et libre de toute contrainte, le sacrifice de soi-même au profit de tous, est selon moi l'indice du plus grand développement de la personnalité, de sa supériorité, d'une possession parfaite de soi-même, du plus grand libre arbitre. Sacrifier volontairement sa vie pour les autres, se crucifier pour tous, monter sur le bûcher, tout cela n'est possible qu'avec un puissant développement de la personnalité. Une personnalité fortement développée, tout à fait convaincue de son droit d'être une personnalité, ne craignant plus pour elle-même, ne peut rien faire d'elle-même, c'est-à-dire ne peut servir à aucun usage que de se sacrifier aux autres, afin que tous les autres deviennent exactement de pareilles personnalités, arbitraires et heureuses. C'est la loi de la nature : l'homme normal tend à l'atteindre[15].

Vous voyez donc que si les propos de Kiriloff nous paraissent tant soit peu incohérents au premier regard, pourtant à travers eux, c'est bien la propre pensée de Dostoievsky que nous parvenons à découvrir.

Je sens combien je suis loin d'avoir épuisé l'enseignement que l'on peut trouver en ses livres. Encore une fois, ce que j'y ai surtout cherché, consciemment ou inconsciemment, c'est ce qui s'apparentait le plus à ma propre pensée. Sans doute, d'autres y pourront découvrir autre chose. Et, maintenant que je suis arrivé à la fin de ma dernière leçon, vous attendez sans doute de moi quelque conclusion : Vers quoi nous mène Dostoïevsky et qu'est-ce au juste qu'il nous enseigne ?

Certains diront qu'il nous mène tout droit au bolchevisme, sachant bien pourtant toute l'horreur que Dostoïevsky professait pour l'anarchie. Le livre tout entier des *Possédés* dénonce prophétiquement la Russie. Mais celui qui, en face des codes établis, apporte de nouvelles « tables des valeurs », paraîtra toujours, aux yeux du conservateur, un anarchiste. Les conservateurs et les nationalistes qui ne consentent à voir dans Dostoïevsky que désordre, concluent qu'il ne peut nous être utile en rien ; je leur répondrai que leur opposition me semble faire injure au génie de la France. À ne vouloir admettre de l'étranger que ce qui déjà nous ressemble, où nous puissions trouver notre ordre, notre logique, et, en quelque sorte, notre image, nous commettons une grave erreur. Oui, la France peut avoir horreur de l'informe, mais d'abord Dostoïevsky n'est pas informe ; loin de là : tout simplement ses codes de beauté sont différents de nos codes méditerranéens ; et lors même qu'ils le seraient davantage, à quoi servirait le génie de la France, à quoi s'appliquerait sa logique, sinon précisément à ce qui a besoin d'être ordonné ?

À ne contempler que sa propre image, l'image de son passé, la France court un mortel danger. Pour exprimer plus exactement et avec le plus de modération possible ma pensée : il est bon qu'il y ait en France des éléments conservateurs qui maintiennent la tradition, réagissent et s'opposent à tout ce qui leur paraît une invasion étrangère. Mais ce qui donne à ceux-ci leur raison d'être, n'est-ce pas précisément cet apport nouveau, sans lequel notre culture française risquerait de n'être bientôt plus qu'une forme vide, qu'une enveloppe sclérosée. Que savent-ils du génie français ? Qu'en savons-nous, sinon seulement ce qu'il a été dans le passé ? Il en va pour le sentiment national précisément comme pour l'Église. Je veux dire qu'en face des génies, les éléments conservateurs se comportent souvent comme l'Église s'est souvent comportée vis-à-vis des saints. Nombre de ceux-ci ont d'abord été rejetés, repoussés, reniés, au nom de la tradition même — qui bientôt deviendront les principales pierres d'angle de cette tradition.

J'ai souvent exprimé ma pensée au sujet du protectionnisme intellectuel. Je crois qu'il présente un grave danger ; mais j'estime que toute prétention à la dénationalisation de l'intelligence en présente un non moins grand. En vous disant ceci, j'exprime encore la pensée de Dostoïevsky. Il n'y a pas d'auteur qui ait été tout à la fois plus étroitement russe et plus universellement européen. C'est en étant aussi particulièrement russe qu'il peut être aussi généralement humain, et qu'il peut toucher chacun de nous d'une manière si particulière.

« Vieil Européen russe », disait-il de lui-même, et faisait-il dire à Versiloff dans *l'Adolescent* :

> Car en la pensée russe se concilient les antagonismes… Qui aurait pu alors comprendre une telle pensée ? J'errais tout seul. Je ne parle pas de moi personnellement, je parle… de la pensée russe. Là-bas, il y avait l'injure et la logique implacable ; là-bas un Français n'était qu'un Français, un Allemand qu'un Allemand, et avec plus de roideur qu'à n'importe quelle époque de leur histoire ; par conséquent, jamais le Français n'avait fait autant de tort à la France, l'Allemand à son Allemagne. Il n'y avait pas un seul Européen dans

toute l'Europe ! Moi seul étais qualifié pour dire à ces incendiaires que leur incendie des Tuileries était un crime ; à ces conservateurs sanguinaires, que ce crime était logique : j'étais « l'unique Européen ». Encore un coup, je ne parle pas de moi, je parle de la pensée russe[16].

Et nous lirons encore plus loin :

L'Europe a pu créer les nobles types du Français, de l'Anglais, de l'Allemand, elle ne connaît rien encore de son homme futur. Et il me semble qu'elle ne veut rien encore en savoir. Et c'est compréhensible : ils ne sont pas libres, et nous, nous sommes libres. Moi seul, avec mon tourment russe, étais encore libre en Europe… Remarque, mon ami, une particularité. Tout Français, sans doute, peut servir, outre sa France, l'humanité ; mais à la condition stricte qu'il reste surtout Français ; de même l'Anglais et l'Allemand. Le Russe, lui, — déjà aujourd'hui, c'est-à-dire bien avant qu'il ait réalisé sa forme définitive, — sera d'autant mieux Russe qu'il sera plus Européen : c'est où gît notre quiddité nationale[17].

Mais, en regard de cela, et pour vous montrer à quel point Dostoïevsky restait conscient de l'extrême danger qu'il y aurait à européaniser trop un pays, je tiens à vous live ce passage remarquable des *Possédés*[18] :

De tout temps la science et la raison n'ont joué qu'un rôle secondaire dans la vie des peuples, et il en sera ainsi jusqu'à la fin des siècles. Les nations se forment et se meuvent en vertu d'une force maîtresse dont l'origine est inconnue et inexplicable. Cette force est le désir insatiable d'arriver au terme, et en même temps elle nie le terme. C'est chez un peuple l'affirmation constante, infatigable, de son existence et la négation de la mort. « L'esprit de vie », comme dit l'Écriture, les « courants d'eau vive » dont l'Apocalypse prophétise le desséchement, le principe esthétique ou moral des philosophes, la « recherche de Dieu », pour employer le mot le plus simple. Chez chaque peuple, à chaque période de son existence, le but de tout le mouvement national est seulement la recherche de Dieu, d'un Dieu à lui, à qui il croit comme au seul véritable. Dieu est la personnalité synthétique de tout un peuple, considéré depuis ses origines jusqu'à sa fin. On n'a pas encore vu tous les peuples ou beaucoup d'entre eux se réunir dans l'adoration d'un même Dieu ; toujours chacun a eu sa divinité propre. Quand les cultes commencent à se généraliser, la destruction des nationalités est proche. Quand les dieux perdent leur caractère indigène, ils meurent, et avec eux les peuples. Plus une nation est forte, plus son dieu est distinct des autres. Il ne s'est jamais encore rencontré de peuple sans religion, c'est-à-dire sans la notion du bien et du mal. Chaque peuple entend ces mots à sa manière. Les idées de bien et de mal viennent-elles à être comprises de même chez plusieurs peuples, ceux-ci meurent, et la différence même entre le mal et le bien commence à s'effacer et à disparaître[19].

. . . .

— J'en doute, observa Stavroguine ; — vous avez accueilli mes idées avec passion, et, par suite, vous les avez modifiées à votre insu. Déjà ce seul fait que, pour vous, Dieu se réduise à un simple attribut de la nationalité…

Il se mit à examiner Chatoff avec un redoublement d'attention, frappé moins de son langage que de sa physionomie en ce moment.

— Je rabaisse Dieu en le considérant comme un attribut de la nationalité ? cria Chatoff, — au contraire, j'élève le peuple jusqu'à Dieu. Et quand en a-t-il été autrement ? Le peuple, c'est le corps de Dieu. Une nation ne mérite ce nom qu'aussi longtemps qu'elle a son dieu particulier et qu'elle repousse obstinément tous les autres ; aussi longtemps qu'elle compte, avec son dieu, vaincre et chasser du monde toutes les divinités étrangères. Telle a été depuis le commencement des siècles la croyance de tous les grands peuples, de tous ceux, du moins, qui ont marqué dans l'histoire, de tous ceux qui ont été à la tête de l'humanité. Il n'y a pas à aller contre un fait. Les Juifs n'ont vécu que pour attendre le vrai Dieu, et ils ont laissé le vrai Dieu au monde. Les Grecs ont divinisé la nature, et ils ont légué au monde leur religion, c'est-à-dire la philosophie et l'art. Rome a divinisé le peuple dans l'État, et elle a légué l'État aux nations modernes. La France, dans le cours de sa longue histoire, n'a fait qu'incarner et développer en elle l'idée de son dieu romain.

. . . .

Si un grand peuple ne croit pas qu'en lui seul se trouve la vérité, s'il ne se croit pas seul appelé à ressusciter et à sauver l'univers par sa vérité, il cesse immédiatement d'être un grand peuple pour devenir une matière ethnographique. Jamais un peuple vraiment grand ne peut se contenter d'un rôle secondaire dans l'humanité ; un rôle même important ne lui suffit pas ; il lui faut absolument le premier. La nation qui renonce à cette conviction renonce à l'existence.

Et comme corollaire à cela, cette réflexion de Stavroguine, qui pourrait bien servir de conclusion aux précédentes : « Quand on n'a plus d'attache avec son pays, on n'a plus de Dieu. »

Que pourrait bien penser aujourd'hui Dostoïevsky de la Russie et de son peuple « déifère » ? Il est, certes, bien douloureux de l'imaginer... Prévoyait-il, pouvait-il pressentir la détresse abominable d'aujourd'hui ?

Dans ses *Possédés*, nous voyons déjà tout le bolchevisme qui se prépare. Écoutons seulement Chigaleff exposer son système, et avouer à la fin de son exposé :

> Je me suis embarrassé dans mes propres données et ma conclusion est en contradiction directe avec mes prémisses. Partant de la liberté illimitée, j'aboutis au despotisme illimité[20].

Écoutons encore l'abominable Pierre Verkhovensky :

> Ce sera un désordre, un bouleversement, comme le monde n'en a pas encore connu. La Russie se couvrira de ténèbres et pleurera son ancien Dieu[21].

Sans doute, est-il bien imprudent, quand cela n'est pas malhonnête, de prêter à un auteur les pensées qu'expriment les personnages de ses romans ou de ses récits ; mais nous savons que c'est à travers eux tous que la pensée de Dostoïevsky s'exprime... et combien souvent se sert-il même d'un être sans importance pour formuler telle vérité qui lui tient à cœur. N'est-ce pas lui-même que nous entendons — à travers un personnage d'arrière-plan de *l'Éternel Mari* — parler de ce qu'il appelait le « mal russe », et dire :

Mon avis, à moi, c'est qu'en notre temps, on ne sait plus du tout qui estimer en Russie. Et convenez que c'est une affreuse calamité, pour une époque, de ne plus savoir qui estimer... N'est-il pas vrai[22] ?

Je sais bien qu'au travers de ces ténèbres où se débat aujourd'hui la Russie, Dostoïevsky, continuerait sans doute d'espérer. Peut-être aussi penserait-il (à plus d'une reprise cette idée reparaît dans ses romans et dans sa *Correspondance*) que la Russie se sacrifie à la manière de Kiriloff et que ce sacrifice est profitable, peut-être, au salut du reste de l'Europe, du reste de l'humanité.

---

1. ↑ *Karamazov*, III, p. 3 (d'après la traduction allemande).
2. ↑ *Possédés*, I, pp. 256, et suiv.
3. ↑ *Possédés*, I, p. 258.
4. ↑ *Possédés*, I, p. 148.
5. ↑ *Possédés*, II, p. 308.
6. ↑ *Morceaux choisis*, p. 101, § 1er.
7. ↑ M. Binet-Sanglé est l'auteur d'un livre impie qu'il a intitulé : *la Folie de Jésus-Christ*, où il tend à nier l'importance du Christ et du christianisme, en prouvant que le Christ était fou, qu'il avait une tare physiologique.
8. ↑ *Possédés*, II, p. 332.
9. ↑ *Possédés*, II, pp. 83 et 84.
10. ↑ *Possédés*, II, p. 85.
11. ↑ *Possédés*, II, p. 284.
12. ↑ *Possédés*, II, pp. 334, 336 et 337.
13. ↑ *Ibid.*, II, pp. 337.
14. ↑ *Possédés*, II, p. 339.

15. ↑ *Correspondance*, p. 540.
16. ↑ *L'Adolescent*, p. 509.
17. ↑ *Ibid.*, p. 511.
18. ↑ *Possédés*, I, pp. 274, 275, 276.
19. ↑ « La population des iles de l'Océanie se meurt, parce qu'elle n'a plus un ensemble d'idées rectrices de ses actions, une commune mesure pour juger ce qui est bien ou mal. » Reclus, *Géographie*, XIV, p. 931.
20. ↑ *Possédés*, II, p. 74.
21. ↑ *Ibid.*, p. 97.
22. ↑ *Éternel Mari*, p. 177

APPENDICE

I[1]

Et maintenant deux épisodes, en manière d'illustration à tout ce didactisme. Je reprendrai ensuite, pour ne plus l'interrompre, la fin de ce récit.

En juillet, donc deux mois avant mon départ pour Pétersbourg, Maria Ivanovna m'avait envoyé faire une commission, dont l'objet n'importe, dans une localité voisine. Dans le wagon qui me ramenait à Moscou, je remarquai un jeune homme brun, assez bien vêtu, mais fort sale, et au visage bourgeonné. À chaque station il descendait du train et courait à la buvette absorber de l'eau-de-vie. Autour de lui, dans le compartiment, s'était formé un groupe gai et fort incivil. Ces voyageurs tumultueux admiraient que ce jeune buveur pût, sans s'enivrer, absorber tant d'alcool et s'ingéniaient à lui en faire ingurgiter plus encore. Entre tous, se passionnaient à cette entreprise un marchand légèrement ivre et un flandrin habillé à l'allemande, valet de son métier, dont la bouche fort loquace exhalait une odeur méphitique. Le jeune homme à l'insatiable gosier parlait peu. Il écoutait la clabauderie de ses compagnons avec un sourire hébété qu'il interrompait parfois par un rire toujours inopportun ; il émettait alors des syllabes indécises, quelque chose comme « tur... lur... lu... » en posant un doigt sur le bout de son nez, ce qui réjouissait prodigieusement le commerçant, le larbin et tous les autres. Je m'approchai et, ma foi, malgré l'imbécillité de sa conduite, le jeune homme, un étudiant en rupture d'Université, ne me déplut pas. Bientôt, nous nous tutoyions et, en descendant du train, je pris note qu'il m'attendrait le soir même, à neuf heures, boulevard de Tver.

Je fus exact au rendez-vous, et mon ami m'associa à son jeu. Voici. Avisant une honnête femme, nous nous placions sans un mot, l'un à sa droite, l'autre à sa gauche. De l'air le plus flegmatique et comme si nous ignorions sa présence, nous engagions une conversation méticuleusement obscène, où je faisais merveille, encore que je ne connusse des choses du sexe que le vocabulaire (douces causeries de l'enfance !) et point du tout la technique. Effarée, la femme accélérait son allure ; nous accélérions la nôtre et continuions, notre dialogue. Que pouvait faire la victime ? Il n'y avait pas de témoins, et puis une plainte à la police est toujours chose délicate...

À ces turlupinades nous consacrâmes huit journées consécutives. M'amusais-je ? Je n'en réponds pas. (Au début, cette farce avait pu me plaire pour ce qu'elle avait d'imprévu, et, d'ailleurs, j'exécrais les femmes…) Une fois, je racontai à étudiant que Jean-Jacques avoue dans ses *Confessions*, qu'au temps de son adolescence, il aimait s'embusquer dans quelque coin pour brandir sa virilité aux yeux stupéfaits des passantes. Il me répondit par son « tur-lur-lu ». Il était ténébreusement ignorant et ne s'intéressait à rien du tout. Il n'avait aucune des idées que j'avais eu la candeur de lui attribuer, et son art du scandale était d'une monotonie morne. Ce crétin me déplaisait de plus en plus. Enfin, notre accointance se rompit, et dans la circonstance que je vais dire :

Nous venions d'encadrer — irrévérencieusement, à notre ordinaire — une jeune fille qui se hâtait sur le boulevard nocturne. Elle avait seize ans tout au plus ; peut-être vivait-elle de son travail ; sans doute l'attendait au logis sa mère, une pauvre veuve chargée de famille… Voilà que je sentimentalise… Nos propos salés s'échangèrent… Comme une bête traquée, elle précipitait son pas dans la nuit. Soudain elle s'arrêta essoufflée. Écartant d'un geste le fichu qui emmitouflait son chétif visage où les yeux brusquement luisirent :

— Oh ! comme vous êtes lâches ! dit-elle.

Je crus qu'elle allait sangloter. Point. À toute volée, elle administrait à l'étudiant la gifle la plus retentissante qui ait jamais sonné sur le facies d'un goujat. Il voulut se jeter sur elle. Je le maintins. Elle put fuir.

Restés seuls, nous commençâmes à nous quereller. Je lui dis tout ce que j'avais sur le cœur, sa nullité, sa bassesse. Il m'injuria (je lui avais confié que j'étais enfant naturel). Nous nous crachâmes au visage, copieusement. Depuis, je ne l'ai pas revu.

J'avais un grand dépit ; il diminua le lendemain ; le troisième jour j'avais tout oublié. C'est seulement à Pétersbourg que je me rappelai nettement cette scène. Je pleurai de honte, et aujourd'hui encore ce souvenir me torture.

Comment avais-je pu descendre à ces vilenies et surtout les oublier ? Je le comprends maintenant. Dépouillant de signification tout ce qui n'est pas elle, l' « idée » me console prématurément des douleurs méritées et m'absout des pires fautes. Ainsi m'est-elle maternelle, mais démoralisante.

L'autre anecdote.

Le 1er avril de l'année dernière, quelques personnes étaient venues passer la soirée chez Maria Ivanovna dont c'était la fête. Entre en coup de vent Agrippine, qui annonce que, devant sa cuisine, elle vient de découvrir un enfant abandonné. Tout le monde de se précipiter pour voir l'objet : une petite fille de trois ou quatre semaines qui crie dans un panier. Je prends le panier et le porte à la cuisine. Y était épinglé un billet ainsi conçu : « Chers bienfaiteurs, ayez pitié de la petite Arinia. Elle est baptisée. Nous prierons toujours pour vous. Nos souhaits de bonheur en ce jour de fête. — Des gens qui vous sont inconnus. » Nicolas Siméonovitch pour qui j'avais beaucoup d'estime m'attrista, il fit sa mine revêche et quoiqu'il n'eût pas d'enfants, décida que la fillette serait immédiatement portée à l'hospice. Je la tirai du panier, d'où s'exhala un fumet âcre et aigrelet, la pris dans mes bras et déclarai me charger d'elle. Nicolas Siméonovitch, pour bon qu'il fût, protesta : l'hospice s'imposait. Cependant tout s'arrangea selon mon vœu.

Sur la même cour, dans un autre pavillon, demeurait avec sa femme encore jeune et robuste, un menuisier déjà vieux et qui buvait beaucoup. Chez ces gens misérables était morte récemment à la mamelle, une fille née après huit ans de mariage, leur enfant unique, et qui par une coïncidence heureuse, s'appelait, elle aussi, Arinia. Je dis « heureuse » parce que cette femme qui était venue dans la cuisine examiner notre trouvaille s'attendrit à ce nom. Son lait n'était pas encore tari : elle dégrafa son corsage et donna le sein à la nouvelle Arinia. Consentirait-elle moyennant salaire à se charger de l'enfant ? Elle ne pouvait me donner de réponse immédiate, réservant l'avis du mari ; mais du moins elle garderait l'enfant cette nuit-là. Le lendemain, je fis marché avec le couple, et je payai d'avance le premier mois huit roubles, que le mari, sans plus tarder, dépensa au cabaret. Nicolas Siméonovitch s'était obligeamment porté garant de ma solvabilité. Je voulus lui remettre mes soixante roubles, mais il refusa de les prendre, procédé qui effaça toute trace de notre petite altercation. Maria

Ivanovna ne disait rien, mais évidemment en son for intérieur, elle s'étonnait de me voir assumer une charge si lourde. Ni l'un ni l'autre ne se permirent à ce sujet la moindre plaisanterie, et je fus sensible à leur délicatesse.

Trois fois par jour, je courais chez Daria Rodivonovna. Au bout d'une semaine, je lui remis en cachette du mari trois roubles. Pour trois autres roubles, j'achetai des couvertures et des langes. Mais dix jours après l'inauguration de ma paternité, la fillette tombait malade. J'allai chercher un médecin, et toute la nuit nous persécutâmes Arinia pour lui faire prendre ses drogues. Le lendemain, le médecin déclara qu'elle ne se rétablirait pas. À mes questions, à mes reproches plutôt, il répondit : « Je ne suis pas Dieu ! » La petite malade étouffait, la bouche pleine d'écume. Le soir même, elle mourut, elle mourut en fixant sur moi ses grands yeux noirs qui semblaient déjà comprendre. Pourquoi n'ai-je pas songé à la faire photographier morte ? Non seulement cette soirée-là, je pleurai, mais je hurlai de désespoir, ce qui ne m'était pas encore arrivé. Maria Ivanovna doucement essayait de m'apaiser. Le menuisier fit lui-même le cercueil. On ensevelit Arinia... Je ne puis oublier ces choses.

Cette aventure me donna à réfléchir. Sans doute Arinia ne m'avait pas coûté grand argent : en tout, pension, médecin, cercueil, funérailles, fleurs — trente roubles. Je récupérai cette somme vers le temps de mon départ de Moscou, en réalisant une économie sur les quarante roubles que Versiloff m'avaient envoyés pour le voyage et en vendant quelques menus objets. Ainsi mon capital restait intact. « Mais, me disais-je, à baguenauder ainsi dans les sentiers je n'irai pas loin. » De mon aventure avec l'étudiant résultait ceci : que l' « idée » pouvait tout obscurcir autour de moi, et me faire perdre le sens de la réalité ; de mon aventure avec Arinia, que les intérêts essentiels de l' « idée » étaient à la merci d'une crise de sentimentalisme. Conclusions contradictoires, mais l'une et l'autre justes.

II[2]

— En quoi donc puis-je vous servir, très estimé Prince, car vous m'avez maintenant... appelé ? demanda Lebedeff après un silence.

Le prince ne répondit aussi qu'au bout d'une minute :

— Eh bien ! voilà, je voulais vous parler du général, et... de ce vol dont vous avez été victime

— Comment ? Quel vol ?

— Allons ! on dirait que vous ne comprenez pas. Ah ! mon Dieu, Loukian Timoféitch, quelle est cette rage de toujours jouer la comédie ? L'argent, l'argent, les quatre cents roubles que vous avez perdus l'autre jour, dans un portefeuille, et dont vous êtes venu ici me parler le matin, avant d'aller à Pétersbourg, — avez-vous compris, à la fin ?

— Ah ! il s'agit de ces quatre cents roubles, dit d'une voix trainante Lebedeff, comme si la lumière venait de se faire dans son esprit. Je vous remercie, prince, de votre sincère intérêt ; il est très flatteur pour moi, mais... je les ai retrouvés, il y a même déjà longtemps.

— Vous les avez retrouvés ! Ah ! Dieu soit loué.

— Cette exclamation est d'un cœur noble, car quatre cents roubles ne sont pas une affaire, pour un pauvre homme qui vit d'un travail pénible et qui a une nombreuse famille...

— Je ne parle pas de cela ! s'écria le prince. Sans doute, — se reprit-il aussitôt, — je suis bien aise que vous ayez retrouvé votre argent, mais comment l'avez-vous retrouvé ?

— Le plus simplement du monde ; il était sous la chaise sur laquelle j'avais jeté ma redingote ; évidemment le portefeuille aura glissé de la poche sur le parquet.

— Comment, sous la chaise ? Ce n'est pas possible, vous m'avez dit que vous aviez cherché partout, dans tous les coins ; comment donc n'avez-vous pas regardé à l'endroit où il fallait chercher tout d'abord ?

— Le fait est que j'y ai regardé. Je me souviens très bien d'y avoir regardé ! Je me suis traîné à quatre pattes sur le parquet, j'ai tâté avec les mains à cet endroit, j'ai reculé la chaise, n'en croyant pas mes propres yeux. Je vois qu'il n'y a rien, la place est vide, pas plus de portefeuille que sur ma main, et malgré cela je me remets à tâter. C'est une petitesse dont l'homme est coutumier quand il veut absolument retrouver quelque chose... quand il a fait une perte considérable et douloureuse : il voit qu'il n'y a rien, que la place est vide, mais n'importe, il y regarde quinze fois.

— Oui, soit ; mais comment cela se fait-il ?... Je ne comprends toujours pas, murmura le prince abasourdi, — auparavant, dites-vous, il n'y avait rien là, vous aviez cherché en cet endroit, et tout d'un coup, le portefeuille s'y est trouvé ?

— Oui, il s'y est trouvé tout d'un coup.

Le prince regarda Lebedeff d'un air étrange.

— Et le général ? demanda-t-il soudain.

— Comment, le général ? questionna Lebedeff, feignant de ne pas comprendre.

— Ah ! mon Dieu, je vous demande ce qu'a dit le général quand vous avez retrouvé le portefeuille sous la chaise. Précédemment, vous l'aviez cherché à deux.

— Précédemment, oui. Mais cette fois, je l'avoue, je me suis tu et j'ai préféré lui laisser ignorer que le portefeuille avait été retrouvé par moi tout seul.

— Mais... pourquoi donc ?... Et l'argent n'avait pas disparu ?

— J'ai visité le portefeuille, tout y était, il ne manquait pas un rouble.

— Vous auriez dû venir me le dire, observa pensivement le prince.

— Je craignais de vous déranger, personnellement, prince, au milieu de vos impressions personnelles, et, peut-être extraordinaires, si je puis m'exprimer ainsi. D'ailleurs, moi-même, j'ai fait semblant de n'avoir rien trouvé. Après m'être assuré que la somme était intacte, j'ai fermé le portefeuille et je l'ai remis sous la chaise.

— Mais pourquoi donc ?

Lebedeff se mit à rire.

— Pour rien ; parce que je voulais pousser plus loin mon enquête, répondit-il en se frottant les mains.

— Ainsi il est encore là maintenant, depuis avant-hier ?

— Oh, non ! il n'est resté là que vingt-quatre heures ! Voyez-vous, jusqu'à un certain point, je désirais que le général le trouvât aussi. Car, me disais-je, si j'ai fini par le découvrir, pourquoi le général n'apercevrait-il pas aussi un objet qui, pour ainsi dire, saute aux yeux, qu'on voit parfaitement sous la chaise ? Plusieurs fois j'ai pris cette chaise et je l'ai changée de place afin que le portefeuille fût tout à fait en évidence, mais le général ne l'a pas remarqué, et cela a duré vingt-quatre heures. Il est clair qu'à présent le général est fort distrait, c'est à n'y rien comprendre ; il cause, il raconte des histoires, il rit, et tout d'un coup il se fâche contre moi, sans que je sache pour quel motif. Finalement, nous sommes sortis de la chambre ; j'ai laissé exprès la porte ouverte ; il était ébranlé tout de même ; il voulait dire quelque chose, apparemment ; il craignait pour un portefeuille contenant une si forte somme ; mais soudain il s'est mis en colère et n'a rien dit ; à peine avions-nous fait deux pas dans la rue qu'il m'a planté là et est allé d'un autre côté. Le soir seulement nous nous sommes retrouvés au traktir.

— Mais, à la fin, vous avez repris votre portefeuille ?

— Non, cette nuit même il a disparu de dessous la chaise.

— Alors, où est-il donc maintenant ?

À ces mots Lebedeff se dressa brusquement de toute sa taille et regarda le prince d'un air jovial :

— Mais ici, répondit-il en riant, — il s'est trouvé tout d'un coup ici dans le pan de ma propre redingote. Tenez :

regardez ; regardez vous-même ; tâtez.

En effet, dans la poche gauche de la redingote, par devant, s'était formé de la façon la plus apparente une sorte de sac où, au toucher, on pouvait tout de suite reconnaître la présence d'un portefeuille en cuir, qui, sans doute, passant à travers une poche trouée, avait glissé entre la doublure et l'étoffe du vêtement.

— Je l'ai retiré pour le visiter, les quatre cents roubles étaient encore au complet. Je l'ai remis à la même place et depuis hier matin je le porte ainsi dans le pan de ma redingote ; je me promène avec ; il me bat les jambes.

— Et vous ne remarquez rien ?

— Et je ne remarque rien, hé, hé, hé ! Et figurez-vous, très estimé prince, — quoique le sujet ne mérite pas d'attirer si particulièrement votre attention, — mes poches sont toujours en bon état, et tout d'un coup, en une nuit, un pareil trou ! J'ai voulu me rendre compte et, en examinant la déchirure, il m'a semblé que quelqu'un avait dû faire cela avec un canif ; c'est presque invraisemblable !

— Et le général ?

— Hier, il n'a pas décoléré de toute la journée, et aujourd'hui c'est la même chose, il est de très mauvaise humeur. Par moments, il manifeste une gaieté bachique ou une sensibilité larmoyante, puis, tout d'un coup, il se fâche au point de m'effrayer positivement ! Moi, prince, après tout, je ne suis pas un homme de guerre ! Hier, nous étions ensemble au traktir ; voilà que, comme par hasard, le pan de ma redingote apparaît en évidence avec son gonflement insolite, le général me fait la mine, se fâche. Depuis longtemps, déjà, il ne me regarde plus en face, si ce n'est quand il est très pris de boisson ou très attendri ; mais hier il m'a regardé deux fois d'une telle façon que j'en ai eu froid dans le dos. Du reste, demain, j'ai l'intention de retrouver le portefeuille ; mais d'ici là je passerai encore une petite soirée avec lui au traktir.

— Pourquoi le tourmentez-vous ainsi ? cria le prince.

— Je ne le tourmente pas, prince, je ne le tourmente pas, répliqua avec chaleur Lebedeff, — je l'aime sincèrement et… je l'estime ; à présent, vous le croirez ou vous ne le croirez pas, il m'est devenu plus cher que jamais ; j'ai commencé à l'apprécier encore plus qu'auparavant !

Ces mots furent prononcés d'un ton si sérieux et avec une telle apparence de sincérité que le prince ne put les entendre sans indignation.

— Vous l'aimez, et vous le faites souffrir ainsi ! Voyons, il s'est arrangé de façon à vous faire retrouver l'objet perdu ; pour attirer votre attention sur ce portefeuille il l'a placé sous une chaise et dans votre redingote ; par cela il vous montre bien qu'il ne veut pas ruser avec vous, mais qu'il vous prie ingénument de lui pardonner. Écoutez : il demande pardon ! Par conséquent il compte sur la délicatesse de vos sentiments ; par conséquent, il croit à votre amitié pour lui. Et vous réduisez à un tel abaissement un si honnête homme !

— Très honnête, prince, très honnête, répéta Lebedeff dont les yeux étincelaient, — et vous seul, très noble prince, étiez capable de dire un mot si juste ! Pour cela, je vous suis tout dévoué jusqu'à l'adoration, quelque pourri de vices que je sois ! C'est décidé ! Je vais retrouver le portefeuille tout maintenant, à l'instant même, et pas demain ; voilà aussi tout l'argent ; tenez, prenez-le, très noble prince, et gardez-le jusqu'à demain. Demain ou après-demain, je le reprendrai.

— Mais faites attention, n'allez pas de but en blanc lui jeter au nez que vous avez retrouvé le portefeuille. Qu'il voie seulement que le pan de votre redingote ne contient plus rien et il comprendra.

— Oui ? Ne vaut-il pas mieux lui dire que je l'ai retrouvé et faire comme si jusqu'alors je ne m'étais douté de rien ?

— N-non, dit le prince en réfléchissant, n-non, maintenant il est trop tard ; ce serait plus dangereux ; vraiment vous feriez mieux de ne rien dire. Et soyez gentil avec lui... mais... n'ayez pas trop l'air... et... vous savez...

— Je sais, prince, je sais, c'est-à-dire, je sais que j'aurai bien du mal à exécuter ce programme ; car il faut pour cela avoir un cœur comme le vôtre. D'ailleurs moi-même, je suis vexé à présent, il le prend parfois de trop haut avec moi ; il m'embrasse en sanglotant et puis tout d'un coup il se met à m'humilier, il m'accable de railleries méprisantes ; allons, je prendrai le portefeuille et j'étalerai exprès le pan de ma redingote sous les yeux du général, hé hé ! Au revoir, prince, car évidemment je vous dérange, je vous distrais de sentiments très intéressants, si je puis ainsi parler…

— Mais pour l'amour de Dieu, silence comme par le passé !

— À la sourdine, à la sourdine !

Quoique l'affaire fût finie, le prince resta plus silencieux qu'il ne l'avait été auparavant. Il attendit impatiemment l'entrevue qu'il devait avoir le lendemain avec le général.

―――――

1. ↑ De *l'Adolescent*, p. 22.
2. ↑ *L'Idiot*, II, pp. 228 et suiv.